思想的・睿智的・獨見的

經典名著文庫

學術評議

丘為君　吳惠林　宋鎮照　林玉体　邱燮友
洪漢鼎　孫效智　秦夢群　高明士　高宣揚
張光宇　張炳陽　陳秀蓉　陳思賢　陳清秀
陳鼓應　曾永義　黃光國　黃光雄　黃昆輝
黃政傑　楊維哲　葉海煙　葉國良　廖達琪
劉滄龍　黎建球　盧美貴　薛化元　謝宗林
簡成熙　顏厥安（以姓氏筆畫排序）

策劃　**楊榮川**

五南圖書出版公司 印行

經典名著文庫

學術評議者簡介（依姓氏筆畫排序）

- 丘為君　美國俄亥俄州立大學歷史研究所博士
- 吳惠林　美國芝加哥大學經濟系訪問研究、臺灣大學經濟系博士
- 宋鎮照　美國佛羅里達大學社會學博士
- 林玉体　美國愛荷華大學哲學博士
- 邱燮友　國立臺灣師範大學國文研究所文學碩士
- 洪漢鼎　德國杜塞爾多夫大學榮譽博士
- 孫效智　德國慕尼黑哲學院哲學博士
- 秦夢群　美國麥迪遜威斯康辛大學博士
- 高明士　日本東京大學歷史學博士
- 高宣揚　巴黎第一大學哲學系博士
- 張光宇　美國加州大學柏克萊校區語言學博士
- 張炳陽　國立臺灣大學哲學研究所博士
- 陳秀蓉　國立臺灣大學理學院心理學研究所臨床心理學組博士
- 陳思賢　美國約翰霍普金斯大學政治學博士
- 陳清秀　美國喬治城大學訪問研究、臺灣大學法學博士
- 陳鼓應　國立臺灣大學哲學研究所
- 曾永義　國家文學博士、中央研究院院士
- 黃光國　美國夏威夷大學社會心理學博士
- 黃光雄　國家教育學博士
- 黃昆輝　美國北科羅拉多州立大學博士
- 黃政傑　美國麥迪遜威斯康辛大學博士
- 楊維哲　美國普林斯頓大學數學博士
- 葉海煙　私立輔仁大學哲學研究所博士
- 葉國良　國立臺灣大學中文所博士
- 廖達琪　美國密西根大學政治學博士
- 劉滄龍　德國柏林洪堡大學哲學博士
- 黎建球　私立輔仁大學哲學研究所博士
- 盧美貴　國立臺灣師範大學教育學博士
- 薛化元　國立臺灣大學歷史學系博士
- 謝宗林　美國聖路易華盛頓大學經濟研究所博士候選人
- 簡成熙　國立高雄師範大學教育研究所博士
- 顏厥安　德國慕尼黑大學法學博士

經典名著文庫119

法概念與法效力

Begriff und Geltung des Rechts

羅伯・阿列西（Robert Alexy）著
王鵬翔 譯

經典永恆・名著常在

五十週年的獻禮・「經典名著文庫」出版緣起

總策劃 楊榮川

五南，五十年了。半個世紀，人生旅程的一大半，我們走過來了。不敢說有多大成就，至少沒有凋零。

五南忝爲學術出版的一員，在大專教材、學術專著、知識讀本出版已逾壹萬參仟種之後，面對著當今圖書界媚俗的追逐、淺碟化的內容以及碎片化的資訊圖景當中，我們思索著：邁向百年的未來歷程裡，我們能爲知識界、文化學術界做些什麼？在速食文化的生態下，有什麼值得讓人雋永品味的？

歷代經典・當今名著，經過時間的洗禮，千錘百鍊，流傳至今，光芒耀人；不僅使我們能領悟前人的智慧，同時也增深加廣我們思考的深度與視野。十九世紀唯意志論開創者叔本華，在其〈論閱讀和書籍〉文中指出：「對任何時代所謂的暢銷書要持謹慎的態度。」他覺得讀書應該精挑細選，把時間用來閱讀那些「古今中外的偉大人物的著作」，閱讀那些「站在人類之巔的著作及享受不朽聲譽的人們的作品」。閱讀就要「讀原著」，是他的體悟。他甚至認爲，閱讀經典原著，勝過於親炙教誨。他說：

「一個人的著作是這個人的思想菁華。所以，儘管一個人具有偉大的思想能力，但閱讀這個人的著作總會比與這個人的交往獲得更多的內容。就最重要的方面而言，閱讀這些著作的確可以取代，甚至遠遠超過與這個人的近身交往。」

爲什麼？原因正在於這些著作正是他思想的完整呈現，是他所有的思考、研究和學習的結果；而與這個人的交往卻是片斷的、支離的、隨機的。何況，想與之交談，如今時空，只能徒呼負負，空留神往而已。

三十歲就當芝加哥大學校長、四十六歲榮任名譽校長的赫欽斯（Robert M. Hutchins, 1899-1977），是力倡人文教育的大師。「教育要教眞理」，是其名言，強調「經典就是人文教育最佳的方式」。他認爲：

「西方學術思想傳遞下來的永恆學識，即那些不因時代變遷而有所減損其價値的古代經典及現代名著，乃是眞正的文化菁華所在。」

這些經典在一定程度上代表西方文明發展的軌跡，故而他爲大學擬訂了從柏拉圖的《理想國》，以至愛因斯坦的《相對論》，構成著名的「大學百本經典名著課程」。成爲大學通識教育課程的典範。

歷代經典．當今名著，超越了時空，價值永恆。五南跟業界一樣，過去已偶有引進，但都未系統化的完整舖陳。我們決心投入巨資，有計畫的系統梳選，成立「經典名著文庫」，希望收入古今中外思想性的、充滿睿智與獨見的經典、名著，包括：

- 歷經千百年的時間洗禮，依然耀明的著作。遠溯二千三百年前，亞里斯多德的《尼各馬科倫理學》、柏拉圖的《理想國》，還有奧古斯丁的《懺悔錄》。
- 聲震寰宇、澤流遐裔的著作。西方哲學不用說，東方哲學中，我國的孔孟、老莊哲學，古印度毗耶娑（Vyāsa）的《薄伽梵歌》、日本鈴木大拙的《禪與心理分析》，都不缺漏。
- 成就一家之言，獨領風騷之名著。諸如伽森狄（Pierre Gassendi）與笛卡兒論戰的《對笛卡兒沉思錄的詰難》、達爾文（Darwin）的《物種起源》、米塞斯（Mises）的《人的行爲》，以至當今印度獲得諾貝爾經濟學獎阿馬蒂亞．

森（Amartya Sen）的《貧困與饑荒》，及法國當代的哲學家及漢學家余蓮（François Jullien）的《功效論》。

梳選的書目已超過七百種，初期計劃首爲三百種。先從思想性的經典開始，漸次及於專業性的論著。「江山代有才人出，各領風騷數百年」，這是一項理想性的、永續性的巨大出版工程。不在意讀者的眾寡，只考慮它的學術價值，力求完整展現先哲思想的軌跡。雖然不符合商業經營模式的考量，但只要能爲知識界開啓一片智慧之窗，營造一座百花綻放的世界文明公園，任君遨遊、取菁吸蜜、嘉惠學子，於願足矣！

最後，要感謝學界的支持與熱心參與。擔任「學術評議」的專家，義務的提供建言；各書「導讀」的撰寫者，不計代價地導引讀者進入堂奧；而著譯者日以繼夜，伏案疾書，更是辛苦，感謝你們。也期待熱心文化傳承的智者參與耕耘，共同經營這座「世界文明公園」。如能得到廣大讀者的共鳴與滋潤，那麼經典永恆，名著常在。就不是夢想了！

二〇一七年八月一日 於

五南圖書出版公司

導 讀*

阿列西《法概念與法效力》

王鵬翔

壹、前言

羅伯．阿列西（Robert Alexy）生於一九四五年，是德國當今最具國際聲望的法理學與憲法學者。阿列西現爲德國基爾大學法學院退休教授，他的代表作《法律論證理論》（*Theorie der juristischen Argumentation*, Suhrkamp Verlag, 1978）、《基本權理論》（*Theorie der Grundrechte*, Suhrkamp Verlag, 1986）、《法概念與法效力》（*Begriff und Geltung des Rechts*, Verlag Karl Alber, 1992）等，皆已被譯爲多種語言，並在國際學界引起熱烈討論。

《法概念與法效力》（以下簡稱「本書」）的主題是法實證主義與反法實證主義之間關於法概念與法效力的爭議。阿列西的目標在於反駁法實證主義的核心主張，即「分離命題」（Trennungsthese）：法律與道德之間沒有概念上的必然聯結。阿列西則試圖證成「聯結命題」（Verbindungsthese）：法律與道德之間具有概念上與規範性的必然聯結。阿列西在本書前半提出了「正確性論證」（Richtigkeitsargument）、「原則論證」（Prinzpienargument）與「不正義論證」（Unrechtsargument）來證成其聯結命題，在本書後半處理法效力與基本規範（Grundnorm）的問題，最後對「法律」提出了一個整合性的、非實證主義的定義。本導讀將聚焦在本書的關鍵部分，即前述的三個主要論證。

貳、法概念與分離命題

一、法概念的要素與分離命題的表述

阿列西認爲，「權威的制定性」、「社會的實效性」、「內容的正確性」是法概念的三要素，它們分別對應於三種效力的概念：法學的效力概念（或稱「狹義的法效力」）、社會學的效力概念、倫理學的效力概念。當我們要判斷某項規範是不是法律或是否具有法效力時，「權威的制定性」關切的是這項規範是否爲某個有權機關按照一定程序所制定，即規範的形式來源問題；「社會的實效性」則以規範實際上是否被遵守，違反時是否會施加制裁作爲判斷標準；「內容的正確性」則涉及規範是否在道德上可被正當化，即規範的

實質內容是否合乎正義的問題（頁四八—五五，一二二—一二五）。

阿列西早期將法實證主義之看作是「法律」這個概念如何定義的問題。他認爲，法實證主義的法概念只包含權威的制定性或社會的實效性這兩個事實性的要素，在本書中他將分離命題表述爲：「法律的概念要以不包含道德要素的方式來定義」；而將其所主張的聯結命題表述爲：「法概念的定義除了事實性的要素外，還必須包含道德要素」（頁四〇—四一）。然而，許多法實證主義的代表者，如哈特（H. L. A. Hart）、拉茲（Joseph Raz）、馬默（Andrei Marmor）認爲，分離命題不是關於法律的概念如何定義的主張，而是主張：在判斷規範是否具有法效力或法律命題是否爲眞（或正確）時不必然涉及道德評價[1]。阿列西近來因而將分離命題的表述修正爲：

（ST）法律的效力或法律的正確性和道德評價或道德正確性之間沒有必然聯結。

並將聯結命題表述爲：

（CT）法律的效力或法律的正確性和道德評價與道德正確性之間具有必然聯結[2]。

阿列西的理論目標是反駁 ST 並證成 CT。

二、法實證主義之爭的實踐意涵

阿列西在本書中曾舉了兩個德國聯邦憲法法院的判決來說明[3]，法實證主義之爭不只是個理論問題，還具有實踐意涵（頁四一—四六）。在此我借用另外兩個例子來說明。

第一個例子是德國的「圍牆射殺案」。一九八四年十二月有兩名守衛柏林圍牆的前東德士兵開槍射殺了一位企圖使用梯子翻越圍牆逃往西柏林的青年。兩德統一後，該兩名士兵以觸犯前東德刑法的殺人罪被起訴。問題是，他們是否得主張其射殺行爲係依前東德邊界法等相關規定（依該法第二七條第二項第一句，邊界士兵得使用槍械以阻止犯罪之實施，依前東德刑法規定及司法實務，「非法越境」屬於重大犯罪）而阻卻違法？法實證主義者的答案會是肯定的，因爲只要系爭的規定在當時是由權威制定且具有社會實效，即爲有效的法律規範，但某些反法實證主義者（例如阿列西本人）的答案是否定的，他們認爲，由於系爭的規定太過不正義，因而不能被視爲是法律。

第二個例子是台灣的大法官釋字第三六二號解釋。本號解釋的爭點在於，當善意無過失之第三人信賴前婚姻關係已因確定判決而消滅，而與前婚姻之一方相婚，嗣後該判決又經法定程序（如再審）而變更，導致後婚姻成爲重婚時，是否仍應適用修正前民法第九八八條第二款之規定，認爲該後婚姻爲無效？本案中最高法院的答案是肯定的，但大法官在衡量結婚自由、信賴保護、一夫一妻制等原則之後，認爲應限縮系爭民法規定之適用，後婚姻之效力仍應予以維持。

然而，大法官所援引的原則，都不是由某個權威機關所制定的，它們是具有法效力的規範嗎？它們對於法官具有拘束力嗎？有些法實證主義者或許會認爲，這些原則並不是法律，因此，最高法院沒有考慮到這些原則所作出的判決，仍然是依「法」審判的結果，這樣的判決或許不盡合理，但沒有法律上的瑕疵。但有些反法實證主義者則會認爲，這些原則雖然不具有權威制定的特性，但仍是法律的一部分，它們對於法官具有拘束力，沒有衡量這些原則所作出的判決具有法律上的瑕疵。

從上面這兩個例子可以看出，當事人的命運取決於法官的法理學立場：採取法實證主義還是非法實證主義，可能導致完全相反的判決結果。這印證了德沃金（Ronald Dworkin）的名言：「法理學是裁判的總論，任何法律決定的沉默序言。」[4]

參、主要論證的重整與分析

回到本書的論點。阿列西證成 CT 的論證可以重整如下：

(1)法律——不論是個別的法律規範、司法判決或整個法律體系——必然會提出正確性宣稱（Anspruch auf Richtigkeit）。

(2)爲了實現正確性宣稱，必然要適用道德原則以證成法律的正確性。

(3)當正確性宣稱未能獲得實現時（例如極端不正義的實證法），可能導致法效力或法律性質的喪失。

因此，(4)法效力或法律的正確性必然和道德正確性有所聯結。（CT）

阿列西分別用正確性論證、原則論證與不正義論證來辯護(1)、(2)、(3)這三個前提。

一、**正確性論證**

阿列西的正確性論證可分爲兩個層次。首先，他區分「參與者觀點」與「觀察者觀點」。所謂「參與」，指的是處於某個法律體系中，對於「什麼是法律所要求、禁止或允許」的問題進行論辯，並試圖提出理由來證成自己主張的正確性。法律規範或法律命題的正確與否，是參與者所關切的問題。阿列西認爲，法官是典型的參與者。相反地，觀察者關注的是某個法律體系實際上作出了什麼決定，以及如何作出此種決定，但他並不關切法律決定的正確與否（頁六〇—六一）。因此，嚴格說來，「法律必然會提出正確性宣稱」的意思是：法律體系的參與者必然會宣稱其所主張的法律命題或所作出的法律決定是正確的。

其次，阿列西證成「法律必然會提出正確性宣稱」的方式是指出，立法者制定法律或法官作出判決都是一種語言行動，「提出正確性宣稱」是此種語言行動的構成性規則，如果立法者或法官不宣稱其所制定的法律或作出的判決是正確的，甚至自我否定其正確性，就會陷入所謂「以言行事的矛盾」（performativer Widerspruch）。

阿列西要我們考慮下面兩個例子。第一個例子是，X國的制憲者制定了這樣一條憲法條文：「X是一個主權獨立、不正義的聯邦共和國」。另一個例子是，有某個法官作出這樣的判決：「被告應處以無期徒刑，但本判決是錯誤的，因爲它是根據對於有效法規範的錯誤解釋所作出的」。兩個例子看來都相當荒謬，其悖謬之處有如一個人說：「這隻貓在墊子上，但我不相信這件事。」當一個人斷定 p 這個命題（例如，斷定「這隻貓在墊子上」），就隱含了他相信 p 爲眞；如果他斷定 p，但其陳述的內容卻又表示自己不相信 p，就牴觸了「斷定」這個語言行動的預設，即說話者必須相信他所斷定的命題爲眞，從而他就無法成功地進行「斷定」這個語言行動，這就是「以言行事的矛盾」。

阿列西認爲，同樣地，制定法律或作出判決這種語言行動，都必然隱含或預設了說話者宣稱自己所制定的規範或所主張的法律命題是正確的（至於這個宣稱是否實現，亦即其所制定的規範或所主張的命題實際上是否正確，則是另外一回事），如果說話者在其表述的規範或命題內容中否定了正確性宣稱，他就陷入以言行事的矛盾，而無法成功地進行他所要作的語言行動。阿列西認爲，由此可以證成「法律（嚴格說，是法律實踐的參與者）必然會提出正確性宣稱」（頁七一—七六）。

姑且不論阿列西的正確性論證所引發的諸多問題，由「法律必然提出正確性宣稱」仍然無法直接導出 CT。法實證主義者可以提出兩種反駁：首先，法律的正確性宣稱未必具有道德意涵，因此法律的正確性和道德正確性並不具有必然的關聯；其次，即便法律必然提出正確性宣稱，但正確性宣稱未能實現，並不會導致法律性質的喪失，例如極端不正義的納粹種族主義法令，雖然具有某種（道德）瑕疵，但此種瑕疵並不會影響其法效力。換言之，正確性論證頂多只能建立法律與道德之間具有某種品質式的聯結，但非區分式的聯結。法實證主義者仍然可以主張，規範是否具有法效力，與其內容在道德上正確與否無關。針對這兩個反駁，阿列西分別提出原則論證與不正義論證來回應。

二、原則論證

阿列西的原則論證的規範理論基礎是「規則」（Regeln）與「原則」（Prinzipien）在結構上的區分[5]。不過，規則和原則在規範結構上的區分，對於法律與道德之間是否具有必然聯結的問題並無直接的相關性。爲了證成 CT，阿列西的原則論證訴諸下面三個子命題（頁一一一—一二〇）：

（一）安置命題：每個最低限度發展的法律體系必然會包含原則。

（二）道德命題：法律體系所包含的原則必然具有某種道德關聯性。

（三）正確性命題：法律體系必然包含道德原則使得法律和正確的道德之間具有必然聯結。

原則論證的出發點在於，實證法必然具有哈特所稱的「開放結構」（open texture）。

對於處在開放結構的困難案件，法官無法援引實證法規定作爲判決理由，此時法官有兩種可能的解決方式：第一種可能是不附任何理由作出判決。阿列西認爲這種可能性必須被排除，因爲法官判決必然會提出正確性宣稱，而正確性宣稱蘊含了「可證成性的擔保」：法官不能一方面宣稱其判決是正確的，另一方面卻又不提出任何理由來證成其判決的正確性。因此，在解決困難案件時，法官爲了實現正確性宣稱，就只有另外一種可能，即援引非屬實證法的理由，特別是援引道德理由來證成其判決。依阿列西之見，這些道德理由通常具有原則的形式，因爲它們往往彼此衝突，法官必須衡量這些相衝突的理由以作出判決。換言之，爲了實現正確性宣稱，法官必須衡量道德原則以解決困難案件。而按照正確性命題，作爲判決理由的原則，其內容必須在道德上是正確的，並且衡量時也必須進行正確的道德論證，才能保證判決的正確性。由此阿列西得出，司法判決的法律正確性宣稱必然包含了道德正確性的宣稱。

然而，法實證主義可能會如此反駁：法實證主義者並不否認法官必須衡量道德原則、進行道德論證以解決困難案件，但道德原則只是法律以外的標準，倘若法官沒有考慮或者沒有正確地適用道德原則，其判決頂多只有道德上的缺陷，但沒有法律上的瑕疵，因此，法律的正確性和道德正確性並沒有必然的聯結，CT 並未因此獲得證成。對此，阿列西的回應是：道德原則對於法官具有法律上的拘束力，而道德原則之所以具有法律拘束力，是因爲道德原則必然被包含成爲法律的一部分。這個主張就是「必然安置命題」。

阿列西指出法律體系安置道德原則的兩種方式。第一種方式是「透過實證法的安置」，亦即將道德原則直接轉化爲實證法規範。典型的例子像是憲法中的基本權規定。但阿列西自己也承認，實證法是否會安置道德原則，取決於立法者（或制憲者）的決定。依此，道德原則是否會被包含於法律體系之中，只是偶然的事實問題，而不具有必然性。爲此，阿列西提出第二種安置道德原則的方式，這可稱之爲「透過衡量而安置」。

「透過衡量而安置」的論證包含了兩個輔助論據。第一，由於法官必然會宣稱其判決在法律上是正確的，相應地，法官就負有法律上的義務去實現其正確性宣稱，這意謂著，在解決困難案件時，法官負有法律上的義務去適用道德原則以證成其判決的正確性。第二，阿列西訴諸「程序性法律體系」的理念，他認爲，從參與者的觀點來看，法律體系是一個制定、適用、解釋、證立法律規範的過程，凡是在這個過程中被用來證立法律規範或決定的理由，都屬於程序的一部分，因而也就屬於法律體系的一部分。按照這個看法，既然法官（特別是在困難案件中）必然要訴諸道德原則以證成其判決的正確性，那麼作爲其判決理由的道德原則也就必然被包含成爲法律體系的一部分（頁一一二—一一三）。

在我看來，阿列西的原則論證與必然安置命題有不少值得商榷之處[6]。第一，「透過衡量而安置」不是一個健全的論證，其前提之一「凡是法官證立其判決時所適用的理由，都屬於法律的一部分」是個大有疑問的主張。舉例來說，面對某些侵權行爲法的案件，法官必須適用算術規則以證成其關於損害賠償數額的判決的正確性，難道我們會因此就認爲「算術規則（如 2＋2＝4）必然被安置成爲法律的一部分」嗎？

第二，「透過衡量而安置」的論證可能犯了丐題（begging the question）的謬誤。阿列西原本試圖證成的命題是「因爲道德原則必然屬於法律的一部分，所以對於法官具有拘束力而必須適用之」，但他的論證，簡單說，卻是「因爲法官必須適用道德原則，所以道德原則必然屬於法律的一部分」。

第三，阿列西以開放結構爲出發點的原則論證，似乎將道德原則的地位限縮在塡補實證法漏洞的補充性作用：只有在困難案件中，道德原則才會因其有助於證成判決的正確性而必須爲法官所援引，從而被安置爲法律的一部分。這彷彿是說，只有在困難案件中，才會運用「內容的正確性」作爲法效力的判準，這樣的結論反而頗類似於某些包容法實證主義者（inclusive legal positivists）的主張。

第四，如果阿列西試圖證成的聯結命題是「法律（判決）的正確性與道德正確性具有必然關聯」的話，那麼道德原則是否必然被安置爲法律的一部分其實是個無關緊要的問題。因爲倘若道德原則對於法官的拘束力來自於其實質內容有助於證成判決的正確性，那麼不論它們是否被包含成爲法律的一部分，法官爲了實現其正確性宣稱，都還是必須援引道德原則作爲判決的理由。換言之，只要法官不適用道德原則就無法作出正確的判決，那麼道德原則就必然會對法律的正確性有所影響，安置與否對於聯結命題（如果以 CT 的表述方式）的成立與否並無差異。

三、不正義論證

按照阿列西的看法，如果法律的正確性未能實現，那麼這不但是道德上的瑕疵，同時也是法律上的瑕疵。在一般的情況下，這樣的瑕疵尚不致於影響法效力，但如果實證法規範具有嚴重的道德瑕疵，將導致其法效力的喪失，這正是不正義論證所要辯護的主張。它來自於著名的賴德布魯赫公式（Radbruchsche Formel）：

> 「正義與法安定性的衝突可以用下面的方式解決：透過立法和權力所確立的實證法，即便其內容不正義或不合目的，仍然具有優先性，除非實證法和正義之間的衝突達到不可

忍受的程度，以至於實證法成為『不正確的法』而必須向正義讓步。」[7]

用阿列西的話來說，由權威制定且具有社會實效的規範，當其極端不正義時，就會喪失法律性質與法效力，一言以蔽之：「極端不正義即非法律」（Extreme injustice is not law）。戰後德國聯邦最高法院與憲法法院曾經運用賴德布魯赫公式來否定納粹德國種族主義法令的法律性質；兩德統一後，又依此來解決前述的圍牆射殺案，認為前東德邊界法及相關規定因極端不正義而不具有法效力[8]。阿列西認為，接受賴德布魯赫公式（以下簡稱 RF）與否，是區分法實證主義與非法實證主義的重要標誌，但他自己也承認，RF 所涉及的並非單純概念上的爭論，反法實證主義者要證成 RF，主要還是訴諸規範性的論據。阿列西將反對與支持 RF 的論據總結為下列八個爭點（頁七七－一〇二）：

（一）語言。有些法實證主義者認為，將極端不正義的實證法稱為「法律」並不違背「法律」這個詞的通常使用方式，支持 RF 的非法實證主義者其實引入了帶有道德價值判斷的法概念。阿列西則認為，法概念的爭論不是單純的語言問題，而是個實質問題。從參與者的觀點來看，如果法官有良好的法律理由不適用極端不正義的實證法規範 N，雖然他所作出的判決牴觸 N，但他仍然可以、甚至必須將其判決所表述或適用的規範稱為

「法律」。如果法官此時仍將他所拒斥的 N 稱作是「法律」，顯然會產生矛盾，要避免此種矛盾，法官必須認爲 N 不是法律。阿列西指出，法官是否能否認 N 的法律性質，不是取決於語言使用，而是取決於他是否有良好的法律理由，阿列西認爲這樣的理由是存在的。

（二）清晰性。法實證主義者如哈特認爲，RF 混淆了法概念和守法義務的問題[9]。按照哈特的看法，「法律是什麼？」和「我們是不是有服從法律的道德義務？」是兩個不同的問題，極端不正義的實證法仍然是有效的法律，只是基於道德理由不應該被服從。阿列西對此的回應則是，非實證主義的法概念的確較爲複雜，但複雜的概念未必不清晰，並且 RF 涉及的不只是道德問題，更涉及了法律問題，即行爲人與法官是否有法律上的義務去遵守與適用極端不正義的實證法。

（三）效用。哈特還認爲，採取 RF 未必有助於產生反抗惡法的實際作用，也無法改變反抗行爲被制定惡法的政權認定爲違法行爲的事實。反法實證主義者將正義或道德的要素納入法概念當中，反而可能導致對於既存體制不加批判的正當化，亦即認爲如果一個規範是法律規範，那麼它就具有道德正當性。阿列西對此的回應是，雖然不論採取哪一種法概念都無法改變惡法在不義體制下被執行、適用的現實狀態，但如果法律實踐對於「滿足最低限度的正義要求是國家所制定的規範具有法律性質的必要條件」這一點有共識的話，則制定惡法的不義政權將比較不可能穩定地運作，不義政權的官員也比較可能預期到有朝一日所可能面臨的追訴與責任風險。

再者，阿列西認爲，RF 既不意謂著將法律等同於道德，也非主張只要實證法規範在內容上具有道德瑕疵就會失去法效力。RF 只是設下了一道門檻，即不正義到達了極端程度時，才會導致法效力的喪失（區分式的聯結），對於內容不正義，但尚未到達極端程度的實證法規範，雖然仍具有法效力，但可以認爲它是有瑕疵的法律規範（品質式的聯結），換言之，採取非實證主義的法概念仍然可以對於法律進行道德批評。

（四）法安定性。有些論者認爲，RF 有違法安定性，甚至可能導致個人依其自己的正義觀來否定法效力的無政府後果（這和下面的相對主義論據相關）。阿列西則認爲，不正義的程度越極端，反而越能夠確定地認知；並且，法安定性原則並非絕對，它必須與實質正義原則相衡量，RF 並非不重視法安定性，法安定性原則在一般情況下仍具有優先性，只有在極端不正義的案件中它才必須退讓。

（五）相對主義。某些道德相對主義者主張，不僅極端不正義的界限難以認知，甚至正義本身都無法被理性證成或客觀認知。阿列西認爲，非實證主義的法概念的確要預設某種非相對主義或可認知論的後設倫理學立場，至少，像「基於種族理由侵害少數族群之身體及財產是極端不正義的」這樣的道德判斷是能被理性證成的。此外，大部分社群的法律實踐對於尊重人權具有高度共識，也可能削弱相對主義論據的力量。

（六）民主。對 **RF** 的一種批評是，它可能使得法官訴諸正義之名作出違背具備民主正當性之立法者的決定。阿列西的反駁是，**RF** 針對的只是極端不正義的實證法，實際上，在有司法違審憲查制度的國家中，憲法法院對於民主立法者的審查遠甚於此，若要以民主論據批評 **RF**，恐怕連對司法違憲審查都要一併拒斥之。

（七）不必要性。哈特曾經指出，**RF** 所要處理的問題（例如在不義政權垮台後處罰其官員或幫凶、恢復被害人的權利），其實可以藉由立法者制定溯及既往的法律來解決，而不必訴諸 **RF**。阿列西認爲這種解決之道未必行得通。暫且不論在刑事案件中可能涉及違背罪刑法定原則的問題，倘若立法者怠惰或因其他種種原因而沒有制定處理過往不正義的法律措施，基於人權保障與實現正確性宣稱的法律義務（適用極端不正義的實證法規範所作出的判決不可能實現正確性宣稱），法官仍必須運用 **RF** 來解決問題。

（八）坦誠性。哈特認爲，在追訴、處罰不義政權的官員或幫凶的刑事案件中，實際上等於溯及既往地處罰行爲人，有違罪刑法定原則，運用 **RF** 反而掩蓋了這個問題。但阿列西認爲，如果實證法的極端不正義是顯而易見的，那麼它自始就失去了法律性質，RF的運用是在確定行爲當時的法律狀態，而不是要去溯及既往地改變法律狀態。

阿列西的不正義論證涉及諸多複雜爭議問題，在此無法一一詳論。關鍵的爭議或許不在於法官是否得運用 RF 來拒絕適用極端不正義的實證法或否定其法律性質，而在於法官運用 RF 所作出的判決是否仍爲「依法審判」。非常抽象地說，這是一個關於「法治」（rule of law）或「合法性價值」（the value of legality）的爭議。阿列西似乎認爲，如果法官有良好的法律理由來拒絕適用極端不正義的實證法，那麼他的判決就是依據法律所爲之決定。所謂「良好的法律理由」可以理解爲那些用以證成判決正確性的理由，根據阿列西的看法，它們包括了權威性的、基於實證法的理由，也包括了非權威性的、基於實質正義的道德理由[10]。RF 所訴諸的「法律理由」指的當然是後者。但我們可以進一步追問，爲什麼訴諸這些非權威性的道德理由所作出的判決仍然可稱作是「依『法』審判」呢？如果阿列西的回答是「由於法官爲了實現正確性宣稱就必須援引這些道德理由，所以這些道德理由也是法律的一部分」，顯然又將落入前述必然安置命題的困境。

肆、重省法律的概念

阿列西在本書中試圖辯護「法律的概念必然包含了道德的要素」。然而，正如德沃金指出，「法律」這個詞所表達的概念並非單一的，在不同的脈絡下，我們所使用的法概念可能有所不同。德沃金認爲，在陳述法律命題時（例如「東德的法律允許邊界士兵開槍射殺逃亡者」、「按照台灣法律，因善意信賴所導致之重婚並非無效」），我們所使用的是教義學的法概念（the doctrinal concept of law）；當我們區分某些規範是法律規範，某些不是（例如「道德原則是法律的一部分」、「算術規則不是法律規範」），所使用的是分類式的法概念（the taxonomic concept of law）。「法律」常被用來指稱某種特定的社會制度（例如「法律在本質上是一種強制性的社會制度」），此時它所表達的是社會學的法概念（the sociological concept of law）；但法律的概念有時則指涉了某種政治道德價值（例如「處罰圍牆射殺案的士兵並不違背法治理念」），這時它表達的是一種價值或理想導向的法概念（the aspirational concept of law）[11]。

阿列西自己可能並未清楚意識到，他的論證以及要辯護的主張針對的是哪一種法概念，但我們可以試著幫他釐清。原則論證和必然安置命題是分類式法概念的問題：道德原則是否必然屬於法律體系的一部分？不正義論證和賴德布魯赫公式則是關於法治價值的爭議：除了法安定性之外，法治價值是否還包含實質正義原則，這兩者之間如何取捨？至於正確性論證和聯結命題，我認爲最好將其理解爲關於教義學法概念的主張。法實證主義之爭的關鍵爭點既不是法概念要如何定義，也不是法律是否必然安置道德原則，而是下面這個問題：證成法律命題的正確性（或決定法律命題是否爲眞）是否必然要援引道德理由、涉及道德價值判斷？用德沃金的話來說，就是「道德考量是否必然屬於法律命題的眞值條件（使得法律命題爲眞的根據）？」的問題。對此阿列西的答案當然是肯定的。然而，將阿列西的理論詮釋爲反法實證主義的教義學法概念論之後，他的論證是否仍然成功，請有興趣的讀者進一步閱讀本書，自行判斷[12]。畢竟，經典導讀不能取代經典閱讀。

序

這本書是在一個研究學期中完成的，它屬於我與德萊爾（Ralf Dreier）共同推動的旨在扼要概述法理論的計畫。由於其篇幅已遠超過原本計畫合著的一章，因此我決定單獨出版。對此，我要感謝嘉松・瓦德斯（Ernesto Garzón Valdés）與韋威爾（Meinolf Wewel）的鼓勵。我特別感謝德萊爾，他多年來對我的影響，在本書中隨處可見；當然，錯誤的責任仍由我自己承擔。此外，我要感謝狄麥婭（Heinke Dietmair）女士在製作付印稿時不倦的耐心與細心，以及波洛斯基（Martin Borowski）、海德曼（Carsten Heidemann）與拉伯（Marius Raabe）諸位先生協助校對。

羅伯・阿列西

基爾，一九九二年一月

縮寫略語表

BGH	Bundesgerichtshof	德國聯邦最高法院
BGHSt	Entscheidungen des BGH in Strafsache	德國聯邦最高法院刑事裁判
BGHZ	Entscheidungen des BGH in Zivilsachen	德國聯邦最高法院民事裁判
BVerfG	Bundesverfassungsgericht	德國聯邦憲法法院
BVerfGE	Entscheidungen des Bundesverfassungsgerichts	德國聯邦憲法法院裁判
Ebd.	Ebenda	同前註
f.	folgend	以下一頁
ff.	fortfolgend	以下數頁
OLG	Oberlandesgericht	邦高等法院
RGBl	Reichsgesetzblatt	帝國法律公報
RzW	Rechtsprechung zum Wiedergutmachungsrecht	賠償法判決

目次

第一章 法實證主義的問題

第一節　基本立場

法概念爭議的主要問題是法律與道德的關係。儘管爭論的歷史超過兩千年之久，[1]始終有兩個互相對立的基本立場：實證主義與非實證主義。

所有實證主義理論都主張**分離命題**。這個命題認爲：法律的概念要以不包含道德要素的方式來定義。分離命題預設了，法律和道德之間、法律的命令和正義的要求之間、或者法律是什麼和法律應該是什麼之間，沒有概念上的必然關聯。偉大的法實證主義者凱爾森（Hans Kelsen）將此概括爲下面這個公式：「因此，法律可以有任何的內容」。[2]

實證主義的法概念因而只有兩個定義要素：合乎規定的或權威的制定性[3]以及社會的實效性。法實證主義的眾多變化[4]來自於對這兩個定義要素的不同詮釋與評價，[5]它們的共同點在於，「什麼是法律」完全取決於什麼是被制定的並且/或者有實效的，至於內容的正確性——不論它是如何被實現的——則無關緊要。

相對地，所有非實證主義的理論都主張聯結命題。這個命題認爲：法律的概念要以包含道德要素的方式來定義。沒有哪一個嚴肅的非實證主義者會因此就將權威的制定性與社會的實效性排除於法概念之外，非實證主義者和實證主義者的區別毋寧在於，前者主張：

法概念的定義，除了事實導向的特徵之外，還要包含道德要素。同樣地，對於這些道德要素仍可能有不同的詮釋與評價。

第二節　法實證主義之爭的實踐意涵

法概念之爭乃是關於「什麼是法律」的爭議。對於這個問題，每個法律人在實務工作中都會表述出清楚程度不一的想法。法律實踐所立基的法概念一般被預設爲自明之理，在尋常案件中——即便其解決是有疑義的——提出法概念的思考被視爲冗餘之舉。但在非尋常的案件就有所不同了，在這些案件中，法律實踐背後的法概念登上檯面而成爲迫切的問題。以下將藉由德國聯邦憲法法院的兩個裁判來說明。

1. 制定法的不正義

第一個例子是一九六八年的國籍案裁定，它涉及了制定法的不正義問題。一九四一年十一月二十五日所發布的帝國公民法第十一號施行命令（11.Verordnung zum Reichsbürgergesetz (RGBl.I.S.722)，以下簡稱「第十一號命令」）第二條出於種族理由剝奪了流亡猶太人的德國國籍。在本案中，聯邦憲法法院必須決定，一位在二次大戰前不久流亡至阿姆斯特丹的猶太裔律師是否依該條規定喪失了德國國籍。這位律師於一九四二年被驅逐出阿姆斯特丹，之後下落不明，由此推定他已經喪生，這意謂著他無法依基本法第一一六條第二項恢復德國國籍。

聯邦憲法法院得到的結論是，這位律師從未喪失德國國籍，因爲第十一號命令自始無效，其理由如下：

「法律與正義並非立法者所得任意處置。『制憲者可憑己意作出任何規定的這個想法，意謂著倒退至價值中立的制定法實證主義（Gesetzespositivismus）的思想，這種思想在法學與實務中早已被淘汰了。德國的納粹政權時期正表明了，立法者也可能制定不正義的法律』（BVerfGE 3, 225 (232)）。因此聯邦憲法法院肯認有可能否定納粹『法律』規定的法效力，因爲它們是如此明顯地牴觸了正義的基本原則，以至於想要適用這些規定或承認其法律效果的法官都將作出不法裁判而非依法裁判（BVerfGE 3, 58 (119); 6, 132 (198)）。第十一號命令違背了這些基本原則，它與正義的衝突已達到了不可忍受的程度，以至於它必須自始被視爲無效（參照 BGH, RzW 1962, 563; BGHZ 9, 34 (44); 10, 340 (342); 16, 350

(354); 26, 91 (93)）。它也不會由於在過去一些年間曾被踐行、或者由於有些『被剝奪國籍』的當事人，當時在個案中曾經甘心忍受或甚至表明贊同納粹的措施，就因此成爲有效；明顯違背構成法律之基本原則所制定的不正義規定，不會因爲被適用與遵守就成爲法律。」【6】

這是一個典型的非實證主義論證。一條由權威制定並且自其被制定時起即具有社會實效的規範，會因爲違背了超實證法而被否認其具有效力或——在國籍案裁定中並未明確表示的——法律性質。

有人會質疑，這個論證在國籍案裁定中究竟是否必要。法院可以試圖將其結論完全立基於下面這個理由：**現今**承認剝奪國籍的法律有效性，將違反基本法第三條第一項的一般平等原則以及基本法第三條第三項的禁止歧視規定。這種可能性雖然削弱了國籍案裁定中非實證主義論證的力道，但並未減損這個論證的普遍重要性。在每一個要去評斷不義政權之法律後果的案件中，並非都有像是德國基本法一樣的憲法存在。此外還有一些案件取決於一條規範是否自始無效，這是後來制定的憲法力所未逮的。比方說，可以想像在某個不義政權下有某些由權威所制定且具有社會實效的規範，它們要求或允許違反人權的迫害措施。[7] 在這個政權垮臺之後，倘若沒有制定溯及既往的法律，那麼依照這些規範行事的人是否能被處罰，就取決於這些規範是否自始無效。

2. 法律續造

第二個例子是一九七三年關於法律續造的裁定，它涉及了是否容許法官進行違反制定法文義之法律續造，亦即牴觸法律的判決（contra-legem Entscheidung）之容許性的問題。根據德國民法第二五三條，除了少數法律明定的案件之外，對於非財產損害不得以金錢賠償。但聯邦最高法院並沒有堅持遵守這樣的規定，自一九五八年起聯邦最高法院在許多案件中都允許對於嚴重侵害人格權的金錢賠償。本案所涉及的是，某個週刊雜誌發表了一篇純屬虛構的關於伊朗國王前妻索拉雅（Soraya）王妃私事的訪談，這本應得到她的同意。聯邦最高法院判准了索拉雅王妃一萬五千馬克的損害賠償，這牴觸了民法第二五三條「只有在法律明定的案件中」才允許非財產損害的賠償（慰撫金），而索拉雅王妃的案子顯然不屬於這些案件。聯邦憲法法院同意聯邦最高法院的判決，其理由的核心部分如下：

「傳統上所認爲的『法官受到制定法拘束』——這是權力分立與法治國原則的基本要素

——按照基本法的表述已轉變爲司法裁判受到『制定法與法律』（Gesetz und Recht）的拘束（基本法第二十條第三項）。按照通說，這樣的表述拒絕了某種狹隘的制定法實證主義。它所樹立的意識是，雖然制定法與法律實際上大致相符，但不必然也並非總是如此。法律並不等同於成文制定法的總合。相對於國家權力所制定的法令，在某些情況下還存在著更高的法律，它來自於作爲一個意義整體的憲政法秩序，並且具有糾正成文制定法的作用。發現此種法律並在判決中予以實現乃是司法裁判的任務。」[8]

這個判決是有爭議的。聯邦憲法法院被指責之處在於，民事法院不得對於民法第二五三條的文義限縮自爲決定，而必須依據基本法第一〇〇條第一項循具體規範審查的途徑，請求聯邦憲法法院作出民法第二五三條是否合憲的裁判。[9] 這個反駁的合理性一方面取決於，對基本法第二十條第三項「制定法與法律」這個條款的非實證主義式解釋是否正確，另一方面則取決於，如果這樣的解釋正確的話，要如何去界定基本法第二十條第三項和第一〇〇條第一項之間的關係。在此只要關切第一個問題。即便有人認爲，在德國法體系中由於基本法第一〇〇條第一項所規定的程序，牴觸法律的判決一般是不被允許的，「法律並不等同於成文制定法的總合」這句話仍保有其重要性。牴觸法律判決的問題在每個法律體系都會出現，但並不是每個法律體系都有像是基本法第一〇〇條第一項所規定的具體規範審查程序。更爲重要的是，上述這句話的重要性遠超出了牴觸法律判決的領域，更及於每個疑難案件。疑難案件在於，比方說，當所要適用的制定法不明確，而且法學方法論的規則也無法確定得出唯一答案。凡是將法律等同於成文制定法，亦即主張制定法實證主義[10]的人，就必須認爲，疑難案件的裁判是透過法律以外的因素來決定的。非實證主義者的立場則完全不同。由於非實證主義者不將法律等同於制定法，對他而言，疑難案件的裁判，即便無法由制定法來確定，仍可透過法律而決定。對於「法律是什麼」的不同看法雖不必然、但仍可能導致不同的結果。

第二章 法律的概念

第一節　基本要素

問題是，哪一種法概念是正確或適當的？對於這個問題的回答，取決於三個要素——權威的**制定性**、社會的**實效性**，以及內容的**正確性**——彼此之間的關係。按照這三個要素之間的比重如何分配，就產生了完全不同的法概念。不賦予權威的制定性與社會的實效性任何重要性，而完全著眼於內容的正確性，就得出一種純粹自然法或理性法的法概念。完全排除內容的正確性，只著重於權威的制定性與／或社會的實效性，就得出一種純粹實證主義的法概念。在這兩種極端之間還可以想像許多中間類型。

這個三分法顯示了，實證主義有兩個定義要素。實證主義者必須排除內容正確性的要素，但是他可以用許多不同的方式來決定權威的制定性與社會的實效性這兩個要素之間的關係，由此產生了各式各樣的法實證主義。以下先瀏覽不同版本的法實證主義，接著再批評實證主義法概念的缺陷。

第二節　實證主義的法概念

社會的實效性和權威的制定性這兩個要素不僅能夠以不同的方式相互組合，還可能以非常不同的方式來詮釋，因此有難以盡數的各種實證主義法概念。實證主義的法概念可分爲兩大類：主要取向於實效的法概念與主要取向於制定的法概念。加上「主要」這兩個字是爲了清楚顯示，某一個取向通常只呈現其重點，這表示另一個取向不會完全被排除。

1. 主要取向於實效的法概念

各種實效取向的法律定義主要出現在社會學與現實主義的法理論當中。它們之間的區別在於，將焦點置於規範或規範體系的外在面向還是內在面向。同樣地，在大部分的情況下，這並不是嚴格的二分法，而只是比重的不同。此外，內在面向與外在面向也常有不同的組合。[1]

(1) 外在面向

規範的外在面向在於遵守規範的規律性以及/或者對於不遵守所施加的制裁，關鍵在於可觀察的行爲——即便這樣的行爲是需要詮釋的。這是主流的社會學式法律定義的著眼點，例如韋伯（Max Weber）和蓋格（Theodor Geiger）對於法律的定義。韋伯的定義是這樣的：

「一個秩序稱之爲……**法律**，如果它是透過（物理或心理的）**強制**可能性而外在地被確保，此種強制行爲旨在強迫服從並處罰違反者，並且是由**一組專門**爲此所設的人員來執行。」[2]

蓋格的定義則是：

「法律是什麼，亦即在我實際上看來『法律』這個詞所指稱的內容，已被詳細地說明了：它就是一個集中組織化的大型社會共同體的社會生活秩序，只要這個秩序建立在由特定機構所壟斷執行的制裁機制之上。」[3]

在法理學，特別是在實用工具主義或法律現實主義（legal realism）中，也可以看到實效導向的法概念。著名的例子就是霍姆斯（Oliver Wendell Holmes）的預測定義：

「我所謂的法律，就是對於法院事實上將會作什麼的預測，而非其他貌似更重要者。」[4]

這種定義方式主要著眼於律師觀點。

(2) 內在面向

規範的內在面向在於遵守以及／或者適用規範的動機——不論此種動機是如何產生的，其關鍵是心理傾向。著眼於內在面向來定義法律的例子是貝林（Ernst Rudolf Bierling）的定義，在他的法概念中，「承認」具有核心地位：

「一般來說，一群在某個共同體一起生活的人們所互相承認的共同生活規範或規則，就是法學意義的法律。」[5]

盧曼（Niklas Luhmann）則提供另外一種法律的定義，在他的定義中，由規範性的行爲期待所呈現的內在面向扮演了根本的角色：

「我們現在可將法律定義爲社會系統的結構，這個結構立基於規範性行爲期待的合致一般化（kongruente Generalisierung normativer Verhaltenserwartungen）。」[6]

2. 主要取向於制定的法概念

各種制定取向的法概念主要出現在分析法理論的領域，亦即主要致力於法律實踐之邏輯與概念分析的法理論流派。實效取向的法概念以觀察者觀點爲主，而制定取向的法概念著重的則是參與者觀點，特別是法官觀點。制定取向的法概念的典型例子可見於奧斯丁（John Austin）。根據奧斯丁的看法，法律是由命令所組成的：

「每一條法律或規則……都是命令。」[7]

命令是以制裁爲後盾來定義的：

「命令有別於其他的意欲（desire）表述之處，不在於意欲的表述方式，而在於當意欲不

被遵守時，下令施加惡害或痛苦這一方的權力與意圖。」【8】

並非每一種命令，而是只有政治上位權威的命令才是法律：

「在人對人所設立的法律或規則中，有些是由政治上位者、主權者與臣屬者所制定的，亦即由那些在獨立的國家或政治社會中，行使最高統治權與下級統治權的人所制定的……『法律』這個詞，就其單純與嚴格的用法而言，只適用於以此制定的規則之總合或其部分總合。」【9】

總結來說，奧斯丁將法律定義爲所有以制裁爲後盾的主權者命令，幾乎不可能有比這更強的制定取向了。但在奧斯丁的理論中，實效的要素並非不重要，藉由將主權者定義爲被習慣性服從的某個人，奧斯丁結合了制定與實效的要素：

「如果一個特定的上位者，他對於另一個類似的上位者並沒有服從習慣，但他本身卻受到某個社會大多數成員的習慣性服從，這個上位者就是那個社會的主權者……」【10】

制定取向的法實證主義在二十世紀最著名的代表人物是凱爾森與哈特（H. L. A. Hart）。凱爾森將法律定義爲「規範性的強制秩序」[11]，其效力立基於一個預設的基本規範，

「根據這個基本規範，應該遵守一個事實上被制定並且大體上具有實效的憲法，也因此應該遵守依據這個憲法所實際制定的、整體而言具有實效的規範」[12]。

下文還會再處理基本規範的地位問題。[13]在此只需先指出，基本規範是一條完全內容中立、純粹想像的規範，按照凱爾森的看法，如果要將一個強制秩序解釋爲法律秩序的話，就必須預設基本規範。此處重要的只是，凱爾森的定義雖然是以制定爲主要取向，但也包含了實效的要素：

「在基本規範中，制定與實效被作爲效力的條件；除了制定之外，還必須加上這個意義下的實效，以使得整個法律體系以及個別的法律規範不會失去其效力。」[14]

根據哈特，法律是一組規則的體系，這些規則可以藉由承認規則來鑑別。承認規則的功能

相當於凱爾森的基本規範，但它的地位完全不同，之後還會再討論這一點。[15]承認規則的存在是個社會事實：

「承認規則僅存在於法院、政府官員和一般人民援引特定判準以鑑別法律這個複雜但通常一致的實踐當中。承認規則的存在是個事實問題。」[16]

哈特將英國法律體系的承認規則的核心部分表述爲「女王在國會所制定者即是法律」。[17]

第三節　對實證主義法概念的批評

以上對於實證主義法概念的簡短瀏覽顯示了，在法實證主義的陣營裡有許多不同的立場，它們的共同之處就只是法律與道德的分離命題。倘若實證主義的分離命題確實是正確的，法概念的分析就可以完全侷限於下面這個問題：什麼是實效性與制定性這兩個要素的最佳詮釋，以及要如何最佳地安排這兩個要素之間的關係。然而，前引的聯邦憲法法院裁判顯示了，分離命題至少不能被視為是自明之理。因此要追問的是，實證主義的法概念本身究竟是否妥當？這就取決於分離命題或聯結命題何者才是正確的。

1. 分離命題與聯結命題

分離命題與聯結命題所要主張的是如何定義法律的概念。就此而言，它們只表述了論證的結果，而沒有表明其背後的論據。用來支持分離命題與聯結命題的論據可以分為兩類：分析性與規範性。[18]

對於實證主義的分離命題最重要的**分析性**論據是，法律與道德之間不存在概念上的必然關聯。每一個實證主義者都必須主張這個命題，因為倘若他承認法律與道德之間存在著概念上的必然關聯，他就不能夠再主張法律要以排除道德要素的方式來定義。相反地，非實證主義者在分析性論據的層次上是不受限的，他可以主張或者放棄概念上的必然關聯。如果非實證主義者成功地證明了概念上的必然關聯，他就贏得了這場爭論；如果他未能成功地證明概念上的必然關聯，或者他放棄主張概念上的必然關聯，他仍未輸了這場爭論。他可以試圖訴諸規範性的論據來支持其主張，即法律的概念要以包含道德要素的方式來定義。

如果要證明的是，爲了達到特定目標或滿足特定規範，法律的概念必須包含或不包含道德要素，這就是以**規範性**論據來支持分離命題或聯結命題。以這種方式所證成的聯結或分離可稱爲「規範上的必然」。[19] 例如，只有分離命題才能導致語言概念的清晰性或保證法安定性，這就是支持分離命題的一種規範性論據；或者，主張藉助聯結命題才能最好地解決制定法的不正義問題，則是支持聯結命題的規範性論據之一。

近來關於法概念的爭論中，有一種流行的觀點認爲，「法律」這個字詞是如此歧義與模糊，以致在關於法實證主義的爭論中無法透過概念分析解決任何問題；[20] 在這場爭論中只涉及「規範性的設定，定義上的建議」。[21] 這種概念形成自然只能夠透過規範性論據或合目的性的考量來證成。這個主張所預設的命題是，法律與道德之間的關聯既非概念上不可能的，也非概念上必然的。這個命題的前半段——即主張法律與道德之間的關聯並非概念上不可能的——是對的。在某些情況下，像「規範 N 是權威制定且具有社會實效，但它並不是法律，因爲它牴觸了某些基本原則」這樣的語句並沒有矛盾。倘若法律與道德之間的關聯在概念上是不可能的，這樣的語句才會有矛盾。有疑問的反而是這個命題的第二部分，即主張法律與道德之間沒有概念上的必然關聯。以下將要指出，確實存在著這樣的關聯。如果成功地證明這一點，前述的流行觀點——在法概念的爭論中僅涉及只能以規範性論據來證成的合目的性決定——就是錯的。這並不意謂著，在法概念的討論中規範性的考量是無關緊要的。以下將證明，概念性論據的範圍與力量都只有一定的限度。在概念性論據的範圍之外，以及爲了強化概念性論據的力量，規範性論據是必要的。本書的主張是：首先，法律與道德之間具有概念上的必然關聯；其次，有規範上的理由支持將道德要素包含在法概念當中，這些理由部分強化了概念上必然關聯的力量，部分超出了概念上的必然關聯。簡言之，法律與道德之間既有概念上的、也有規範上的必然關聯。

2. 概念架構

對於「法律與道德之間既有概念上的、也有規範上的必然關聯」這個命題的證立，將在一個由五組區分所組成的概念架構中進行。[22]

(1) 獨立於效力與非獨立於效力的法概念

第一組區分是區別**獨立於效力的**法概念與**非獨立於效力的**法概念。前者是一種不包含效力概念的法概念，後者則否。[23]不難看出此種區分的緣故何在。一個人可以無矛盾地說：「N是一條法律規範，但N並非有效/不再有效/尚未有效。」更有可能想像一個理想的法律體系，然後毫無矛盾地評論說：「這個法律體系永遠不會有效。」相反地，訴諸有效法律的人未必要談到效力，而可以直接說「法律要求這麼作。」由此可以清楚地看出，包含效力概念與不包含效力概念的法概念都是可能的。

在探討法實證主義時，選擇包含效力概念的法概念是比較恰當的作法。這種作法可以避免將問題空洞化，即先忽視效力的面向而將法律定義爲一組規範——外在行爲的規範——的集合[24]，然後據此主張，由於可能想像外在行爲的規範有任何的內容，所以法律與道德之間不可能有概念上的必然關聯。將效力的概念包含到法概念中，意謂著將法律制定、法律適用與法律執行的制度性脈絡也都包含進來。這個脈絡對於概念上必然關聯的問題是重要的。

(2) 法律體系作為規範體系與程序體系

第二組區分是區別作爲規範體系的法律體系與作爲程序體系的法律體系。[25]作爲**程序**的體系，法律體系乃是基於規則且受規則指引的行動體系，透過這些行動，規範被創設、證立、解釋、適用與執行。作爲**規範**的體系，法律體系乃是規範創設過程——不論這是一個什麼樣的過程——之結果或產物的體系。可以說，將法律體系視爲規範體系的人，他所關注的是法律體系的外在面向；而將法律體系看作程序體系的人，他所關注的是其內在面向。

(3) 觀察者觀點與參與者觀點

第三組區分是區別觀察者觀點與參與者觀點。這個二分法是有歧義的，在此採取的是下面這個詮釋：凡是在某個法律體系中參與關於「什麼是在這個法律體系中被要求、禁止、允許與授權者」的論證者，他採取的是**參與者**觀點。立於參與者觀點中心的是法官。當其他的參與者——比方說，法律學者、律師、或關心法律體系的公民——對於法律體系的特定內容提出支持或反對的論據時，他們最終還是會訴諸一個想要作出正確決定的法官必須如何判決。採取**觀察者**觀點的人則不去追問在特定的法律體系中什麼才是正確的決定，而是追問在特定的法律體系中實際上是如何作出決定的。這種觀察者的例子之一就是霍斯特（Norbert Hoerster）所舉的例子：有一個白種美國人，他想要帶著黑人妻子到實施種族隔離法的南非去旅遊，並思忖這趟旅程的法律細節。[26]

參與者觀點與觀察者觀點的區分類似於哈特所區分的內在觀點與外在觀點（internal/external point of view）[27]。然而，由於哈特的區分是有歧義的，所以不能說這兩組區分在每個方面都一致。[28] 因此在本書中，凡是談到內在觀點與外在觀點而沒有另加說明的話，所指的就是以上定義的參與者觀點與觀察者觀點。

(4) 區分的關聯與品質的關聯

第四組區分指的是法律與道德之間兩種不同的關聯方式。第一種稱之爲「區分的」關聯，第二種稱之爲「品質的」關聯。如果主張：基於概念性或規範性的理由，沒有滿足特定道德判準的規範或規範體系就不是法律規範或法律體系，這就涉及**區分的**關聯。**品質的**關聯則反映在下面這個主張：沒有滿足特定道德判準的規範或規範體系雖然可能是法律規範或法律體系，但基於概念性或規範性的理由，它們是有瑕疵的法律規範或法律體系；關鍵在於，這裡所主張的瑕疵是法律上有瑕疵而不只是道德上有瑕疵。針對品質關聯的論據立基於下面這個前提：法律體系的現實必然包含了某些法律的理想（rechtliche Ideale）。因此，「品質的關聯」也可以稱爲「理想的關聯」。

(5) 各種組合

除了以上四組區分——獨立於效力與非獨立於效力的法概念、規範與程序、參與者與觀察者、區分的與品質的關聯，還要再加上第五組區分，即前述**概念上**與**規範上的必然聯結**。如此一來概念架構就完備了。這個架構清楚地顯示了，「法律與道德之間具有必然關聯」這個命題可以有許多不同的含意。在這個架構下，五組區分所包含的要素有三十二種可能的組合。對於每個組合都可以表述「存在必然關聯」與「不存在必然關聯」的命題，由此產生了總共六十四個命題。在這六十四個命題之間當然有一些蘊含關係，也就是說，有些命題的眞假與否蘊含了其他命題之眞或假。此外，有可能某些組合在概念上是不可能的。但是這並不會改變這個基本洞見：在關於法律與道德是否具有必然關聯的爭論中有眾多不同主張。這個爭議之所以沒有定論的原因可能就在於，爭論的參與者經常沒有認識到，他們所要辯護的命題在種類上完全不同於所要攻擊的命題，以致彼此各說各話。如果再考慮到除了上述五組區分外仍可能想像其他種類的區分，從而可能的命題數量會遠超過六十四個，前述的解釋就更有說服力了。

以包含效力概念的法概念作爲出發點，命題的數量在此就已經減少了。進一步簡化問題的作法則是將重點置於「觀察者或外在觀點」與「參與者或內在觀點」的區分，在這個區分下再引進其他方式的區分。因此，問題就在於：從觀察者觀點或從參與者觀點來看，分離命題抑或聯結命題是正確的。

3. 觀察者觀點

對於法實證主義問題的討論，多半將它當作法律與道德之間的區分式關聯問題：違反某個道德判準，是否會使得一個規範體系的規範喪失法律規範的性質，或使得整個規範體系喪失法律體系的性質？凡是要對這個問題持肯定答案的人，就必須證明：當規範或規範體系的不正義逾越一定限度時，就會失去法律性質。這個命題——超過不正義的界限時會喪失法律性質，不論這個界限是如何劃定——就是所謂的「**不正義論據**」。[29] 不正義論據正是針對區分式關聯的聯結命題。這裡首先要問的是：倘若採取觀察者觀點，以不正義論據爲形式的聯結命題是否正確。對此必須分別就法律體系的個別規範與整個法律體系來回答。

(1) 個別規範

適用於個別規範的不正義論據，來自賴德布魯赫（Gustav Radbruch）的版本大概是最爲人所知的。賴德布魯赫的著名公式如下：

「正義和法安定性之間的衝突可以用下面的方式解決：透過立法和權力所確立的實證法，

即便其內容不正義或不合目的，仍然具有優先性，除非實證法和正義之間的衝突達到不可忍受的程度，以至於實證法成爲『不正確的法』而必須向正義讓步。」[30]

這個公式構成了上述國籍案裁定[31]以及聯邦憲法法院與最高法院一系列其他判決的理由。[32]問題在於，從觀察者的角度是否可以接受賴德布魯赫公式。前述出於種族理由剝奪流亡猶太人德國國籍的第十一號命令可以再度作爲例子。聯邦憲法法院訴諸賴德布魯赫公式將該號命令視爲自始無效，這是由參與者觀點所作的論斷。與納粹法律體系同時代的觀察者——比方說，某個來自國外的法律學者，他要爲其本國的法學雜誌寫一篇關於納粹法律體系的報導——要如何描述這個被剝奪國籍的猶太人 A 的案子？在這個學者本國的每個人可能都會理解下面這個陳述而無須多作說明：

（1）根據德國法 A 被剝奪國籍。

但下面這個陳述就不同了：

（2）根據德國法 A 未被剝奪國籍。

如果沒有補充其他資訊的話，（2）如果不是錯誤的報導，就是造成困惑。

這就顯示了，從觀察者的外在觀點來看，將道德要素包含到法概念當中絕非概念上必然的。更值得去問的是：從這個觀點來看，是否在概念上不可能將道德要素包含到法概念中。假設這位觀察者的報導包含了下面這個陳述：

（3）根據德國法 A 並未被剝奪國籍，雖然所有的德國法院和官員都認定他失去德國國籍，他們這麼作是根據某條規範的文義，這條規範是按照在德國具有實效之法律體系的效力判準所制定的。

作爲觀察者的陳述，這句話包含了矛盾。對於觀察者而言，凡是法院和官員所作的就屬於法律，只要他們所作的是依據規範的文義，而這些規範是按照當時具有實效之法律體系的效力判準所制定的。這就清楚顯示了，從觀察者的觀點「法律」這個字詞可以這樣被運用：按照這個運用方式，在涉及個別規範時，將道德要素區分式地包含到法概念中，不僅不是概念上必然的，甚至也是概念上不可能的。這一點是無法反駁的，即使這位觀察者在結束其報導時直接了當地提出了下面這個問題：

（4）根據在德國有效的判準，A依據規定被剝奪了德國國籍，而其喪失國籍也具有社會實效，但這是法律嗎？

提出這個問題，就已經離開觀察者的立場，而是採取批評者的立場了。隨著這個觀點轉換，「法律」這個字詞有了另外一種意義。[33]因此要確定的是：從觀察者觀點來看，無法訴諸法律與道德在概念上的必然關聯來支持賴德布魯赫式的聯結命題。

除了上面這個概念性或分析性的論據之外，還有一個合目的性的考量，即規範性的論據。霍斯特曾經主張：首先，像是第十一號命令這種由權威制定且具有社會實效的規範需要一種價值中立的表述；其次，對於「法律」這個字詞沒有其他的表述方式。[34]就觀察者觀點而論，只能同意這個主張。[35]因此，分析性以及規範性的考量所導出的結論是：從考察個別規範並探究區分式關聯之觀察者的觀點來看，實證主義的分離命題是正確的。從這個觀點來看，賴德布魯赫式的不正義論據是不可接受的。

(2) 法律體系

適用於個別規範的論據未必就能套用至整個法律體系。[36] 因此要追問的是：整個法律體系與道德之間是否存在著概念上的必然關聯。這個問題要再次從探究區分式關聯的觀察者觀點來提出，他想知道，違反某種道德要求是否就會使得規範體系喪失法律體系的性質。

和法律體系具有必然關聯的道德要求可以分爲兩種：形式的與實質的。主張形式的道德判準和法律體系之間具有必然關聯的理論的一個例子，是富勒（Lon L. Fuller）的法律內在道德（the internal morality of law）理論。富勒將像是法律的一般性（the generality of law）、公布（promulgation）、禁止溯及既往（retroactive laws）等合法性（legality）原則當作是法律的內在道德。[37] 與此相對的，當賀弗（Otfried Höffe）主張：沒有滿足特定基本正義判準的規範體系就不是法律秩序，[38] 這就涉及了實質道德判準與法律體系之間的關聯。賀弗將這些基本正義判準透過分配利益的原則來界定，它包含了集體安全原則，尤其是要求法律社群的所有成員禁止殺人與竊盜。[39]

在說明上述這些關聯時，要清楚區分事實性與概念性的關聯。[40] 鑑於世界及人類的現存特質，一個法律體系如果不包含一般性規範，或者只包含隱密的或完全溯及既往的規範，或是不保護其成員的生命、自由與財產，這樣的法律體系是不可能長久有效的，並且在這個意義上不可能長久存在。這是一個簡單但重要的經驗事實，卻不是這裡所要繼續探討的。問題毋寧是：這樣的體系是否落在法律體系的概念底下。

有兩種社會秩序，不論其是否可能長久有效，光基於概念的理由就不是法律體系。它們分別是無意義的秩序與掠奪或強盜的秩序。當一群人以這種方式被統治：既無法認識到統治者的一致性目的，被統治者也不可能持續地遵循某個目標，這就是一個**無意義**的秩序。想像有一大群人被一群武裝暴徒所挾持。被挾持者沒有權利，在這群暴徒之間任何暴力使用都是被允許的，而除了這條允許規範之外就沒有其他一般性的規範。[41]這群武裝暴徒對於被挾持者所下達的個別命令經常變動不定，有些是矛盾的，有些則無法作到。如果被挾持者遵循命令，他們完全是出於對暴力的恐懼而這麼作。這樣的秩序僅基於概念的理由就不是法律體系。如果這群暴徒發展成爲一個組織性的匪幫，這個無意義的秩序就變成**掠奪**的秩序或強盜的秩序。這至少預設了，武裝者彼此之間已經禁止使用武力並且出現命令階層。再假設，對於被挾持者頒布了一個規則體系，這個規則體系的唯一目的是讓被挾持者持續作爲合適的剝削對象。用一個極端的例子來說明：這群匪幫的主要收入來源在於，他們經常殺害被挾持者以出售其器官。爲了擁有盡可能健康的受害者以達到這個目的，他們禁止被挾持者抽菸、喝酒以及任何暴力行為。這些規則並沒有建立被挾持者對於匪幫的權利，也就是說，匪幫這邊不對於被挾持者負有任何義務。每個人都清楚剝削的目的，這個匪幫對此也毫不掩飾。人們可以爭論，這個匪幫的規範體系是不是一個法律體系，但無論如何，這整個體系基於概念的理由並不是法律體系。[42]為了證成這一點，就來看看第三種秩序。

長遠來看，掠奪秩序被證明不合乎其目的，因此這群匪幫致力於取得正當性。他們發展成為統治者，掠奪秩序從而轉為**統治者秩序**。他們仍然堅持對於被統治者的剝削，但剝削行為卻是以受規則所引導的實踐來進行。統治者對於每個人都主張，這個實踐是正確的，因為它是為了達成一個更高的目的，比方說，有助於國民發展。實際上只為了滿足統治者的剝削利益而去殺害與搶奪個別被統治者的行為仍然隨時可能發生。但這樣的行為如果不是以一定的方式——例如根據統治者集團三個成員的一致決議——來執行，且不能訴諸國民發展的目的加以公開證成的話，就會受到處罰。

這個發展階段已經跨越了一個門檻。這個體系無疑是極端不正義的，然而概念上已不能排除將其稱為「法律體系」。由此產生了一個問題：統治者體系和暴徒體系與匪幫體系的區別何在？區別不在於統治者體系有某種一般性的規則，因為這在匪幫體系中已經有了。區別也不在於統治者體系對每個人是同等有利的——即便只限於生命、自由與財產的最低層次保護，因爲在這個體系中仍然隨時可能殺害與搶奪被統治者。關鍵點毋寧在於，在統治者體系的實踐中確立並且向每個人提出了**正確性宣稱**。正確性宣稱是法概念的必然要素。這個命題稱之爲「正確性論據」並將在下一節（譯按：頁七一以下）予以證成。在證成這個命題之前只需先確定一點：既未明示也未默示地提出正確性宣稱的規範體系就不是法律體系。每個法律體系都會提出正確性宣稱。[43]就此而言，正確性宣稱有著區分性的意義。對於一個既未明示也未默示提出正確性宣稱的規範體系，觀察者頂多只能夠在間接或轉借的意義下稱之爲「法律體系」。

最後這一點並沒有多大的實際效果，因爲實際存在的規範體系通常都會提出正確性宣稱，即便這個宣稱的證成可能非常薄弱。只有當提出正確性宣稱卻無法實現時，才會出現實際相關的問題。然而，重要的是正確性宣稱的體系性後果。即便站在觀察者的觀點，正確性宣稱也已經對實證主義的分離命題作出一定程度的限制。在觀察者觀點中，當涉及個別規範時，分離命題的成立是毫不受限的。但在涉及法律體系時，分離命題——儘管只是在極端且事實上幾乎不可能的情況下——就會碰到正確性宣稱所劃定的界限。在觀察者觀點中處於邊緣的正確性宣稱，在參與者觀點中轉而居於核心，由此就呈現出兩種觀點之間的聯結。

4. 參與者觀點

上文已經指出，從觀察者觀點而言，實證主義的分離命題基本上是正確的。只有在完全不提出正確性宣稱的規範體系這種極端且事實上幾乎不可能的情況下，分離命題才會碰到界限。如果從參與者——例如法官——觀點來看法律的話，則會有完全不一樣的看法。從這個觀點來看，分離命題是不適當的，聯結命題才是正確的。爲了證成這一點，要考慮下面三個論據：正確性論據、不正義論據與原則論據。

(1) 正確性論據

正確性論據構成了其他兩個論據，即不正義論據與原則論據的基礎。正確性論據主張：個別的法律規範、法律判決以及整個法律體系都必然提出正確性宣稱。沒有明示或默示地提出正確性宣稱的規範體系，就不是法律體系；就此而言，正確性宣稱具有區分性的意義。提出正確性宣稱卻未予實現的法律體系，則是法律上有瑕疵的法律體系，在這方面，正確性宣稱具有品質性的意義。就個別的法律規範與法律判決而言，正確性宣稱只有品質性的意義，如果法律規範與判決不提出或未實現正確性宣稱，就具有法律上的瑕疵。

針對正確性宣稱可以這麼反駁：「正確性宣稱必然與法律相聯結」這個說法並不正確。要削弱這個反駁，讓我們考慮下面兩個例子。第一個例子是X國的新憲法第一條。在這個國家中有一群少數人壓迫多數人，這些少數人想要繼續享受壓迫多數的好處，但也不想隱諱這一點。於是他們的制憲會議決定將下面這句話當作是憲法第一條：

（1）X是一個主權獨立、聯邦制且不正義的共和國。

這個憲法條文具有某種缺陷，[44]問題是，這個缺陷在哪裡？

有人可能認爲，這個缺陷就只在於這個條文不合目的。這些少數人想要維持不公正的狀態，但如果他們毫不僞稱這個狀態是公正的，那麼達到其目的的機會就降低了。這種**技術上的缺陷**的確存在，但它仍無法解釋這個條文眞正的缺陷。假設，新憲法第一條透過共和國條款廢除了之前的君主政體；再假設，被壓迫的多數人相當尊崇之前的君主；因此，實行共和政體就像將國家標誌爲「不正義」一樣，將會強烈危及現時的狀態。倘若不正義條款完全是一種技術上的缺陷，那麼制憲者在制定共和國條款時所犯的錯誤和制定不正義條款是一樣的。但事實並非如此，不正義條款有某種悖謬之處是共和國條款所沒有的。

因此，對於上面這個條文的缺陷何在必須要有別種解釋。有人可能認爲這個缺陷是一種**道德上的缺陷**。的確，此處存在著某種道德缺陷，但這顯然仍不是一個完滿的解釋。假設這個國家的不正義之處在於，特定種族的成員不能享有特定的權利。倘若將不正義條款刪除，代之以第二條規定這個種族的成員不得享有這些權利，從道德的觀點來看，這麼作並沒有差別。然而，從缺陷性的角度來看，仍然有所差別，因爲刪除了不正義條款的憲法第一條就不再顯得悖謬了。

對此的解釋可能是，上面這個條文的缺陷是一種**成規性的缺陷**，也就是說，它違反了關於草擬憲法條文的一個廣被遵循、但非必然的成規。這一點雖然無庸置疑，但僅僅如此也還不是一個完滿的解釋。被違反的規則並不是一條單純的成規，因爲這條規則在不同的情況與偏好下都不會改變，它其實是制憲實踐的構成性規則。這一點可以由此看出：

（2）X是一個正義的國家。

像（2）這樣的條文在憲法中是冗餘的。

如此一來，就只剩下**概念上的缺陷**。「概念上的缺陷」在這裡是廣義的用法，按照這個用法，違反語言行動——即作爲行動的語言表述——的構成規則也是一種概念上的缺陷。正確性宣稱——在這個例子中尤其是正義的宣稱——必然聯結於制憲行爲。雖然制憲者在進行制憲行爲時提出正確性宣稱，但如果制憲行爲的內容否定了這個宣稱，制憲者就犯了以言行事的矛盾（performativer Widerspruch）。[45]

第二個例子是，有一個法官宣告了下面這個判決：

（3）判處被告無期徒刑，但這是錯誤的。

這句話有必要加以解釋。這個法官要說的可能是，他的判決抵觸了實證法；但他要說的也可能是，雖然這個判決符合實證法，但它是不正義的。這兩種解釋方式都導致了許多無法在此處理的問題。此處所關心的只是下面這個解釋：

（4）判處被告無期徒刑，但這是對於有效法律的錯誤解釋。

作出這個判決的法官，顯然沒有克盡他的社會角色，而且幾乎在所有的法律體系中，他都違反了要求其正確解釋有效法律的實證法規則。但如果他滿臉鬍渣，穿著骯髒的法袍宣告判決，他可能也違背了某種社會規則。如果這個解釋雖然是錯的，這個法官卻相信並聲稱它是正確的，那麼這個判決也會違背實證法的規則。反過來說，即使這個法官誤以為他的解釋是錯誤的，並且在判決中公開這個錯誤並沒有違反實證法的問題，此時仍有某種缺陷存在。這裡的缺陷顯然不只是違背社會規則或法律規定；[46] 這個法官犯了以言行事的矛盾，在此意義下，他犯的是一個概念上的缺陷。法官的判決總是會宣稱他正確地適用法律，即便這個宣稱可能只是相當薄弱地被實現。上面這個判決的內容所牴觸的，就是在進行判決這種制度性行為時所提出的宣稱。

這兩個例子顯示了，不同層次的法律體系參與者都必然提出正確性宣稱。如果且只要正確性宣稱具有道德上的蘊含，就證明了法律與道德之間具有概念上的必然關聯。

當然，這樣還不足以證成聯結命題。實證主義者可以同意正確性論據，卻又同時堅持分離命題。他有兩個策略可供運用。首先，他可以主張，未實現正確性宣稱並不會導致法律性質的喪失。撇開完全不提出正確性宣稱的規範體系這種邊緣案例不談，正確性宣稱頂多只能證成品質的關聯，但無法證成區分的關聯。因此，暫且不論上述的邊緣案例，只要分離命題著眼於區分的關聯，它就完全不會受到正確性論據所影響。第二個策略是主張，正確性宣稱只有微不足道的、不帶有任何道德蘊含的內容，因此它無法導出法律與道德在概念上的必然關聯。法實證主義的第一個反駁策略指向不正義論據，第二個反駁策略則指向原則論據。

(2) 不正義論據

如前所述，不正義論據可以適用於個別規範或整個法律體系。首先要考察涉及個別規範的不正義論據。

A. 個別規範

適用於個別規範的不正義論據主張：法律體系的個別規範當其不正義超過一定限度時就會失去法律性質。這個主張最著名的版本就是賴德布魯赫公式，之前已從觀察者觀點討論並且否定了這個公式的成立。現在的問題是：從參與者觀點來看，賴德布魯赫公式所表述的不正義論據是否可接受。在此要強調，賴德布魯赫公式並非主張：當一條規範是不正義的，它就失去了法律性質。賴德布魯赫公式所設的門檻更高：只有當不正義到達「不可忍受的程度」時才會失去其法律性質。前述的第十一號命令可再度作爲例子。

目前有一個廣泛共識是，關於賴德布魯赫公式的爭論無法只憑分析性或概念性論據來解決，這個爭論涉及的問題是合目的或適當的概念形成，這必須以規範性論據來證成。[47]在此仍然要考慮到正確性論據，支持與反對不正義論據的規範性論據都要從正確性論據來加以評斷。前面提到，正確性論據構成了不正義論據的基礎，所指的就是這個意思。

在賴德布魯赫公式爭論中的諸多分歧立場，基本上可以總結爲八個論據：語言、清晰性、效用、法安定性、相對主義、民主、不必要性、坦誠。

a. 語言論據

由於「法律」這個字詞的模糊與多義性，因此無法舉出令人信服的語言—概念性論據來支持或反對不正義論據。然而，可被辯護的是下面這個規範性命題：不正義論據要求將道德要素包含在法概念當中，會導致一個不適當的語言設定。因此霍斯特指責非實證主義者—例如不把第十一號命令歸類爲法律的人，認爲非實證主義者忽略「說明，我們語言中哪一個常用的字詞能夠在價值中立的功能上取代被其（譯按：指非實證主義者）承載了道德的法概念」[48]。非實證主義者不可能以眾所理解的方式來指稱像是第十一號命令這樣的規範，只有將其稱作「法律」才能夠毫無困難地作到這一點。

上文指出了，這個論點從觀察者觀點來看是有說服力的，但如果採取參與者觀點的話就不同了。[49]這一點可以藉由規範與程序的二分來指出。觀察者將第十一號命令視爲一個由其他人所參與的規範制定程序的**結果**。同樣地，對於觀察者而言，依據第十一號命令所爲的判決也是一個他所未參與的程序——即規範適用程序——的結果。如果規範和判決相一致，他沒有理由不將兩者都稱爲「法律」；如果兩者不一致，他所面對的問題是，是否應將此描述爲矛盾或論斷爲廢止命令的法官造法。從參與者觀點則會有不同的看法。對於參與者——例如法官——而言，雖然第十一號命令首先是個規範創設程序的結果，但對他而言，這只是爲了要具備第二個性質，即第十一號命令是他所參與的規範適用程序的**出發點**，而且這個程序的結果提出了正確性宣稱。

在這裡尚未涉及實質論據，而只涉及「法律」這個字詞的適當用法。因此語言論據不能預斷實質論據，這意謂著，它必須能夠相容於不同的實質命題。假設採取以下這個實質命題：有良好的法律理由支持法官不適用第十一號命令，而是作出牴觸其文義的判決。在這個前提下，如果法官說第十一號命令是法律，那就不恰當了。既然他是基於法律理由而裁判，他就必須將他的判決稱作是「法律」。而由於他的判決牴觸了第十一號命令，將這個命令歸類爲法律就會產生如下的後果，即他必須將兩個相互矛盾的規範——即第十一號命令所規定的一般規範以及他的判決所表述的個別規範——都稱之爲「法律」。如果法官認爲，第十一號命令雖然初步看來（prima facie）是法律，但終究不是法律，就可以輕易地解決這個矛盾。這就表示說，在適用程序的過程中，第十一號命令被否認具有法律性質。如果有良好的法律理由不適用第十一號命令，那麼法官不只可以說它終究不是法律，爲了避免矛盾，他也必須這麼作。因此，僅當不可能有良好的法律理由，支持他作出牴觸極端不正義制定法之文義的判決時，霍斯特式的語言論據才會是正確的。如果在某一個案件中有這樣的理由存在，霍斯特式的語言論據從參與者觀點來看就是錯的。是否完全沒有這種良好的法律理由，卻是一個實質問題，這個問題無法憑藉適當語言使用的考量來解決。這意謂著，霍斯特式的語言論據無法合理地反對將道德要素包含至由參與者觀點來看是適當的法概念當中。相反地，如果有實質的理由支持將道德要素包含進來，語言使用就必須要跟進。

b. 清晰性論據

賴德布魯赫公式爭論中的第二個論據是清晰性論據，這個論據的經典表述見於哈特：

「如果我們採取賴德布魯赫的觀點，和他與德國法院一樣，藉由主張『某些規則由於其道德上極度不公正而不可能是法律』來表達我們對於邪惡法律的抗議，那麼我們就混淆了一種由於最簡單因而也最有力的道德批評形式。如果我們採用效益主義者的清楚說法，我們就會說實證法仍可能是法律，只是由於太過邪惡而不能服從。這是每個人都能理解的道德譴責，並且是一個直接了當要求道德關注的主張。另一方面，如果我們將我們的反對表述爲『邪惡的事物不是法律』，這是一個許多人都不相信的主張，如果他們終究要去思考這個主張，在它能被接受之前就可能先引起一整串的哲學問題……當我們有清楚的說法可資運用，就不必將對於制度的道德批評表述爲某種爭議性哲學的命題。」[50]

不能否認這個反駁乍看之下具有一定的合理性。一個放棄包含任何道德要素的實證主義法概念是比較簡單的，並且至少在這個意義下比含有道德要素的法概念更爲清晰。但另一方面要考慮的是，簡單性意義下的清晰性並不是概念形成的唯一目標。簡單性不能以犧牲妥當性爲代價，[51]況且複雜的概念也可以是清晰的。法律人習慣處理複雜的概念，幾乎不用擔心他們會由於將道德要素包含至法概念當中而感到困惑。[52]對於公民而言，不清晰主要並不是來自於道德要素被包含至法概念之中，「即便極端不正義仍是法律」這樣的訊息同樣會令他們感到困惑。造成不清晰的原因，其實來自於在許多案件中難以劃分極端不正義與非極端不正義的規範之間的界限。但這並不是清晰性的問題，而是法安定性論據的問題。清晰性論據只涉及道德要素究竟是否要被包含至法概念當中。

這就是說，哈特與霍斯特所提出的清晰性論據並不是針對一般的概念不確定性，它關注的毋寧是在概念上要如何理解法律與道德之間的衝突。哈特與霍斯特即便在極端不正義的案件中也不想解決這個衝突。按照他們的看法，法律的要求是一回事，道德的要求則是另外一回事；道德可能允許或要求法律人作爲人類與公民去拒絕服從法律，然而，所拒絕服從的仍然是法律。任何其他的陳述方式都「掩蓋了我們所面對的問題的眞正本質」。[53]實證主義者能夠將與制定法之不正義相關的問題「現出原貌」，即當作倫理學問題」來討論。相反地，非實證主義者「透過定義將問題轉移到法概念去，所冒的危險就是隱藏了問題的倫理學性質」。[54]

這個指責非實證主義者掩飾、遮蓋或隱藏問題的反駁正確嗎?答案是否定的。非實證主義者並不否認問題的倫理學性質，他主張的只是，在極端不正義的案件中，這個倫理學問題同時是法律問題。這個主張的結果是，非實證主義者由其道德判斷導出法律上的結論。非實證主義者的論證在內容上可能和實證主義者的論證相一致，如同實證主義者，他也要公開他的論據並將其提出來討論。非實證主義者在極端不正義的案件中不自縛於道德觀點，而是從道德觀點轉向法律觀點，這並非掩蓋問題，而是實質命題的表述。對此不能以形式的清晰性論據，而只能以實質論據來攻擊。

還有一個反駁是指責「可能引起一整串哲學問題」並因而會導致不清晰與困惑的「爭議性哲學」[55]。然而，這個指責也可以用來反對法實證主義。法實證主義也表達了一套特定的、可被爭論的法律哲學。在這個爭論中法實證主義與非法實證主義處於平等的對立面。必然與法律聯結的正確性宣稱比較傾向於支持非實證主義，這一點就顯示出法實證主義無法自稱其具有推定爲正確的優勢。因此，清晰性論據仍不足以擊倒非實證主義者。

c. 效用論據

在納粹時期以前，賴德布魯赫是個法實證主義者——至少，當以法官爲關注對象時是如此，當然，這不是就證成而言，而是就結果而言。[56]一九四五年以後賴德布魯赫改變了他的看法，轉而認爲法實證主義「讓法律人和整個民族對於如此恣意、殘酷和罪惡的法律都失去了抵抗力」[57]。他所要求的，將道德要素納入法概念當中將有助於法律人「作好準備……對抗不義政權的死灰復燃」[58]。對此哈特的反駁是：認爲非實證主義的法律定義能夠產生任何反對制定法不正義的作用，是個天眞的看法。[59]霍斯特將這個針對非實證主義法概念效用的論據予以精確化。根據霍斯特，賴德布魯赫賦予非實證主義法概念的期待，其實「過分高估了」[60]法理論家與法哲學家對於公民與法律人的行爲所具有的影響力：

> 「因爲透過單純的概念定義不能改變現實。在道德上有疑慮的、但是在有效法秩序的框架內所頒布的制定法——不論法哲學家是否要稱之爲『有效的法律』，且不論它的不道德，它其實具有道德上無瑕疵的制定法所具有的一切性質：即它是符合有效的憲法所產生的，並且被法律官員所適用並執行。要拒絕服從這個制定法（比方說，由於其不道德），就必須估量違反法律的通常後果。不能因爲對於法概念採取反實證主義的、包含道德的定義就將這些事實棄之不論。」[61]

「非實證主義的法概念無法產生反對制定法不正義的作用」這個命題，可以極端化爲這個主張：這樣的法概念不僅無助於、甚至削弱了對制定法不正義的反抗。實證主義由於其嚴格分離了法律義務與道德義務，反而有利於對法律採取批判的立場。相反地，將道德要素包含至法概念當中，會冒著將法律的要求不加批判地等同於道德要求的危險。所以凱

爾森拒絕「只有道德的社會秩序才是法律」這個命題，

「因為這樣的社會秩序，透過在特定法律社群中主流法學的實際適用，會導致不加批判地正當化構成該社群的國家強制秩序。」[62]

在效用論據的架構內要區分兩個命題。第一個命題主張，非實證主義的法概念無法發揮反對制定法不正義的效果；第二個命題則是，非實證主義的法概念隱藏了不加批判地正當化制定法不正義的危險。第二個命題是更進一步的，以下將先檢視這個命題。

倘若非實證主義的聯結命題認為，一條規範只有當它的內容符合道德時才是法律規範，就確實存在著不加批判地正當化的危險。當凱爾森與霍斯特提出「不加批判地正當化」這個反駁時，他們所想到的正是這個版本的聯結命題。因此凱爾森提到「『法律就其本質是道德的』這個命題」[63]，而按照霍斯特，聯結命題是說「一條規範僅當它是道德的，才是法律規範」，這在邏輯上等值於「如果一條規範是法律規範，它就是道德的」。[64] 如果從這個可稱為「強」版本的聯結命題出發，則每個法律人認定某條規範是法律規範時，就必須同時將這條規範視為道德上正當的。這的確帶來對於法律之不加批判地正當化的危險。

然而，「不加批判地正當化」這個反駁並沒有正確地認識到，非法實證主義者未必要主張強的聯結命題，強的聯結命題預設了每條法律規範在內容上都與道德相符合。然而賴德布魯赫公式明白地說道：「透過立法和權力所確立的實證法，即便其內容不正義或不合目的，仍然具有優先性」【65】。按照賴德布魯赫公式，只有當法律與道德之間的矛盾達到「不可忍受的」，即極端的程度時，法律性質才會喪失。這可稱爲「弱的聯結命題」。

弱的聯結命題並不導致將法律等同於道德。按照弱的聯結命題，不正義且因而是不道德的規範仍然可能是法律。因此就像法實證主義一樣，弱的聯結命題容許對於法律的道德批評，就此而言也使得對於法律採取批判態度成爲可能；它和法實證主義之間的區別僅在於，逾越一定的界限會導致法律性質的喪失。有人可能會認爲，這就足以造成不加批判地正當化；法律人將會傾向認爲，由於這個界限未被逾越，因此他們的法律體系至少具有最低限度的道德正當性。然而，這個界限——即極端不正義——的性質反對這個看法。在國籍案裁定可以看到一個典型的表述：

「試圖依據『種族的』標準，在肉體與物質面消滅包括婦孺在內一部分自己的人民，這和法律與正義毫無共同之處。」[66]

如果有哪些宣稱具有普遍拘束力的道德判斷是可被證成的，「追求上述目標是極端不道德與不正義的」一定就是這種判斷。最低限度的道德要求標誌了喪失法律性質的門檻，保障生命與身體不受傷害的基本人權就是此種最低限度道德要求的例子。在此要主張的是，這樣的道德要求無論如何是能夠被理性證成的。[67] 如果這個主張是對的，那就幾乎不用擔心像是逾越極端不正義界限的規範會被「不加批判地正當化」這回事，這種「正當化」至少會引起一些困難。這或許就是爲什麼蠻橫的不正義行爲經常不是以符合規定的法律形式，而是依據多少有些隱密的命令來實行。[68]

由此可以確定雙重的結論。首先，在未達到極端不正義的界限時，弱的聯結命題——例如賴德布魯赫公式所表述的版本——並不會造成不加批判地正當化的危險，因爲此時法律與道德之間的矛盾並不會排除法律性質。其次，在逾越極端不正義的界限時，如果標誌這條界限的最低道德要求可被理性證成，那就完全不會有不加批判地正當化的危險。此外要指出，從嚴格分離法律與道德的實證主義觀點出發，仍有可能對於既存有效的法律不加批判地正當化，因爲即使立基於概念上的分離，仍有可能主張法律與道德兩者在內容上相符。

在效用論據架構下對於非實證主義法概念的第二個反駁是，非實證主義法概念無法發揮反對制定法不正義的效果。無效果的反駁有一定程度的道理。必須承認哈特與霍斯特在這一點是對的，即法理論或法哲學對於法概念的定義本身並無法改變現實。對於不義政權底下的法官而言，不論他訴諸哈特並基於**道德**理由拒絕適用極端不正義的制定法，還是他站在賴德布魯赫的立場出於**法律**理由而這麼作，其實都沒有本質上的差別。[69] 在這兩種情況下他都要估計到個人的犧牲，而承擔這個犧牲的意願取決於法概念定義以外的要素。

然而，從效用觀點來說還是有差別的。如果不是著眼於將制定法的不正義與自己的良知相較量的法官，而是著眼於法律實踐，就可以清楚看出第一個差別。[70] 如果在法律實踐中存在這樣的共識，即滿足一定最低限度的正義要求是國家命令具有法律性質的必要前提，那麼就不只有道德論證，同時還有固著於法律實踐的法律論證可以用來反抗不義政權的行爲。不過，對於這種反抗的成功機會不能存有幻想。一個已經具有一定成效的不義政權可以透過個別的恫嚇、人事的更動、以及對於順從意願的獎賞，迅速摧毀法律實踐的這個共識。不過還是可以想像，在一個較弱的不義政權，特別是在它的起始階段，這樣的作法是不會成功的。這是相對有限的效果，但畢竟仍是個效果。重要的是，即便這個相對有限效果的假定被證實是錯誤的，也不至於成爲對非實證主義法概念的有力反駁。非實證主義者要捍衛自己的立場，並不需要證明在不義政權下他的法概念比起實證主義的法概念能更好地防止制定法的不正義；只要在非實證主義的基礎上，對抗制定法的不正義不會比立基於實證主義的法概念有更差的效果就夠了。這點倒是可以確定。因爲在對抗制定法的不正義時，不將其視爲法律爲什麼會比將其視爲法律有更差的效果呢？

一旦不義政權已經成功建立，各種法概念就不會再有多大的作用。只有在這樣的政權垮臺之後才會有重要的差別。儘管如此，即便在已成功建立的不義政權下，非實證主義的法概念還是可以發揮微弱的、但並非不重要的效果來對抗制定法的不正義。這可以稱之爲「風險效果」。對於不義政權的法官或其他官員而言，其自身的情況會隨著他依照實證主義還是非實證主義的法概念來詮釋而有所不同。假設有個法官所面臨的問題是：他是否要作出一個爲制定法的不正義所掩護的恐怖判決。這個法官既不是聖人也不是英雄，比起被告的命運，他更加關心自己的命運。所有的歷史經驗告訴他，不能排除不義政權垮臺的可能，而他擔憂的是，如此一來什麼事情會發生在他身上。如果他必須假定，非實證主義的法概念——按照這個法概念，他的恐怖判決所依據的規範並非法律——將會被主流或大眾所接受，他就要承擔相對高的風險，亦即日後無法正當化自己的行爲並因此被追訴究責。

如果他可以確定他的行爲日後將依據實證主義的法概念來評斷，這個風險就會下降；雖然風險還是不會完全消失，因爲仍有可能制定溯及既往的法律並依此來對其究責，但這種風險還是比較小的。由於溯及既往的法律所涉及的法治國問題，所以完全有可能不制定這樣的法律，而就算制定了溯及既往的法律，這個法官仍然能夠以「按照當時有效的法律他必須這麼作」爲理由來爲自己辯護。由此可以清楚地看出，對於那些在不義政權犯下或參與制定法所掩蓋的不義行爲的人，主流或大眾接受非實證主義的法概念會提高這些人的風險。因此，對於那些看不出自己沒有理由參與不義或那些本身就偏好參與不義的人而言，這會產生或增強其避免參與不義或至少去減緩參與不義的誘因。藉由這樣的方式，主流或大眾接受非實證主義的法概念就算在不義政權下也會有積極的效果。因此總之可以這麼說：從擊敗制定法不正義的觀點來看，非實證主義法概念的實際效果無論如何不會比實證主義的法概念更差，在某些方面甚至更佳。

d. 法安定性論據

反對非實證主義法概念的第四個論據主張，非實證主義的法概念危及了法安定性。這個論據實際上只對於那些以強的聯結命題爲出發點的非實證主義版本——它們主張：任何的不正義都會導致法律性質的喪失——才成立。如果還承認，每個人都有權訴諸自己的正義判斷而不遵守法律，法安定性論據就強化爲無政府主義論據了。然而這點並不需要進一步討論，因爲沒有任何認眞的非實證主義者會支持這個看法。在此只討論這個問題：一個並非在任何不正義，而只有在極端不正義的情況下才會讓法律性質喪失的法概念，是否會對法安定性造成威脅？答案是否定的。

如果有可被理性證立的正義判斷，對於一個基於理性證立而認爲某個行爲是不正義的人，可以說：他知道這個行爲是不正義的。那麼下面這個命題成立：不正義越極端，對其認識就越確定。這個命題結合了實質的面向與認識論的面向。它支持了聯邦憲法法院在國籍案裁定中對於帝國公民法第十一號施行命令所說的：它的不正義不只到達了「極端」的程度，而且還是「明顯的」[71]。當然，有可能在某些案件中無法完全確定是否存在著極端的不正義，但相較於法律認識一般而言所具有的不確定性，這種不確定性算不了什麼。因此，非實證主義的聯結命題頂多只導致最低限度的喪失法安定性。

在評斷「法安定性的最低限度喪失是否可接受」這個問題時，要顧慮到法安定性雖然是重要的價值，但不是唯一的價值。法安定性的價值必須和實質正義的價值相衡量。[72]賴德布魯赫公式所作的比重是，基本上法安定性具有優先性，只有在極端的案件中這個順序關係才反過來。對此只有那些將法安定性視爲絕對原則【73】的人才會反對，而這就像任何對於絕對原則的追求一樣，都帶著某種狂熱的調調。

e. 相對主義論據

相對主義論據使法安定性論據變得更爲尖銳。相對主義論據認爲，不只是極端與非極端不正義之間的界限難以辨認，而是所有的正義判斷，包括關於極端不正義的判斷，都無法被理性證立或客觀認識。這是激進相對主義的主張，如果這個主張正確的話，將道德要素包含至法概念當中的意義，不過就是讓法官有可能在強烈涉及其主觀偏好的案件中作出違背制定法的判決。霍斯特戲劇化地描繪了這幅圖象：

「沒有任何保證或甚至只是可能性顯示，系爭案件中的法官或公民在其法概念中所採取的確實就是『啓蒙』的道德！……一般而言，沒有理由認爲某個人或某個社會的道德觀在某個意義上比起相關國家的實證法規範是『更啓蒙的』（比方說『更人性』或『更公正』）……不只有在面對『納粹的法律』時寧願遵循人性道德的法官或公民——這是法實證主義的對手一再反覆提示的，在面對『民主的法律』（比方說威瑪共和國或聯邦德國的

法律）時，同樣也有法官和公民寧願遵循納粹道德！」【74】

相對主義論據闡明了，在效用論據與法安定性論據中就已明顯作爲前提的主張：非實證主義預設了一種最基本的非相對主義倫理學。並非偶然的，賴德布魯赫在一九三三年之前訴諸相對主義——即「道德原則的普遍有效證成是不可能的」這個命題——來證成他的實證主義觀點：

「由此證明了，除了列舉黨派之見外，不可能回答法律的目的這個問題——正是從自然法的不可能性而能夠證成實證法的效力；迄今爲止只是作爲考察方法的相對主義在此成爲我們體系的基石。」【75】

一九四五年以後賴德布魯赫對於人權與公民權之基礎部分不再採取相對主義的懷疑態度：

「的確，它們（譯按：自然法或理性法的原則）在個別部分是被質疑的，但幾世紀以來的努力卻已塑造出一個堅實的基礎，它具有如此廣泛的共識而被羅列於所謂的人權與公民權

宣言中，以至於只有頑固的懷疑論者還會堅持質疑當中的某些部分。」【76】

指出歷史經驗——「幾世紀以來的努力」——與實際存在的「廣泛」共識還不足以反駁相對主義，即便對於內國、超國家與國際的法律實務而言，指出這些事實已接近於這樣的反駁。懷疑論者可能會提出反對的看法，認爲過去幾百年或幾千年來道德觀的發展是一條歧路，有可能所有人或幾乎所有人都處於某種集體錯誤。要排除懷疑論的反對意見，就必須指出下面這個命題可被理性地證成：

（1）基於種族理由在肉體與物質面消滅少數族群是極端不正義的。

像是下面這個命題則可被理性地反駁：

（2）基於種族理由在肉體與物質面消滅少數族群並非極端不正義的。

法實證主義的問題因而導向了道德判斷的可證成性這個後設倫理學的問題。在此無法討論這個問題，[77]因此只能停留在下面的主張，即無論如何像（1）這樣的命題能夠予以理性證成，而像（2）這樣的命題能夠予以理性駁斥。如果這個主張正確，就駁倒了相對主義的反對。倘若這個主張不正確，那麼對於相對主義的反對只能夠——但至少也能夠——指出現今存在著廣泛共識這個事實，它本身雖然不是在嚴格意義下反駁了相對主義，但如前所述，對於法律實務而言，它已經接近於反駁了。

關於霍斯特所擔憂的，法官在面對民主制定的公正法律時可能訴諸「納粹道德」，上述的結論意謂著，這樣的法官在一個深具人權傳統或接納人權的國家中必定會受挫於對基本權利具有廣泛共識這個事實。此外，如果關於極端不正義的判斷有可能被理性地證成，那麼就有理性的理由不去訴諸「納粹道德」來反對民主制定的法律。只有在多數人已委身於「納粹道德」的社會裡，才會有這樣的嚴重危險，即有一個法官訴諸非實證主義的法概念來否認公正的制定法具有法律性質，因爲在他看來這些制定法不可忍受地違背了「納粹道德」。非實證主義的法概念可能在這樣的社會中以此種方式被濫用，這是它的一個缺點，但這個缺點沒有多大分量；一旦「納粹道德」占據了主流，嚴重違背「納粹道德」的法律無論如何也撐不了太久。

f. 民主論據

之前關於相對主義的看法，可以適用到另一個可能反對非實證主義法概念的論據，即基於民主的反對。這個反對論據認爲，非實證主義法概念含有這樣的危險，即法官將訴諸正義來違背具有民主正當性之立法者的決定。【78】由於這涉及了司法侵入立法領域，這個反對也可以表述爲基於權力分立的反對。

如果考慮到非實證主義法概念只有在極端不正義的情況才會導致法律性質的喪失，基於民主的反對就失去其力道，它只有在某個核心領域才會發揮作用。在民主憲政國家中憲法法院對於基本權侵害的審查在內容上遠甚於此。要訴諸民主或權力分立論據來反對此處所主張的弱聯結命題，就必須拒絕任何確保立法者受基本權拘束的司法審查。

g. 不必要性論據

在不義政權垮臺後，賴德布魯赫公式特別具有實踐上的重要意義。聯邦憲法法院的國籍案裁定就是一個例子。但不必要性論據認爲，制定法的不正義可以不用透過否認其法律性質的方式來處理。新的立法者可以藉由制定溯及既往的法律來廢止不正義的制定法。【79】

要正確地評價不必要性論據，就必須區分刑事與非刑事案件。基本法第一〇三條第二項將「無法律即無刑罰」（Nulla poena sine lege）這個基本的法治國原則表述爲實證憲法的規範，從而禁止一般立法者制定溯及既往的法律。這可以被推而廣之。如果「無法律即無刑罰」這個基本原則具有憲法位階的話，那麼在刑法的領域就不能說，頒布溯及既往的法律就沒必要再運用非實證主義的法概念了。不過，可以想像一種憲法修改，它容許在極端不正義的案例中對「無法律即無刑罰」這個基本原則——從而也包括對「無法律即無罪行」（Nullum crimen sine lege）這個基本原則——作出例外。然而，至少在一個立法者無權修改法治國基本原則的憲法下——就像基本法第七十九條第三項的規定，這樣的例外是有問題的。除了這個法律問題之外還有一個事實問題。即便法律上允許對於「無法律即無刑罰」這個基本原則加上例外條款，這樣的條款是否能夠獲得修改憲法所必要的絕對多數，仍具有高度疑義。所有這些都顯示了，單單訴諸立法者既不能在所有法律體系中，也不能在所有情況下證明賴德布魯赫公式是不必要的。

如果「無法律即無刑罰」這個原則具有憲法位階並且是不能修改的，或者它雖然沒有形式上的憲法位階，但作爲基本的法律原則是不得被限制的，那麼在刑事案件中眞正的問題就不是非實證主義法概念的不必要性，而是運用這樣的法概念是否會導致**迴避**「無法律即無刑罰」這個原則。這個問題並不等同於不必要性的問題，它必須在下一個論據，即坦誠性論據中來處理。因此，不必要性論據基本上僅限於刑法領域以外的案例，在這些案例中原則上有可能透過制定溯及既往的法律來解決制定法不正義的問題。然而問題是，如果立法者——不管出於什麼樣的原因——無所作爲，而且也無法根據現行有效的憲法宣告不正義的制定法無關乎目前待決的裁判時，那麼法官該怎麼辦？法官應該依據極端的不正義來裁判並且作出一個呈現極端不正義的判決嗎？有人可能會認爲，法官應該這麼作，以促使立法者制定溯及既往的法律。但這將意謂著，在許多案件，特別是民事案件中，爲了讓立法者有所反應，當事人就必須忍受依據極端不正義而且本身就是極端不公正的不利判決。就此而言，作爲當事人的公民就會持續或暫時地被當作激起立法者行動的工具，但這樣的作法和他的基本權是不相容的。這就顯示了，指出光有制定溯及既往法律的可能性，並不足以證明運用非實證主義法概念的不必要性。如果立法者不運用這個可能性，並且也無法根據現行有效的憲法宣告不正義的制定法無關乎目前待決的裁判時，爲了保護公民的基本權，就有必要運用非實證主義的法概念。

除了這個著眼於公民權利的論據之外，還有第二個立基於正確性宣稱的論據。如前所述，每個法官的判決都必然提出正確性宣稱。一個依據極端不正義、且其本身就呈現極端不正義的判決，乃是極端地未實現正確性宣稱。因此在刑法領域外有兩個理由駁倒了不必要性論據並且支持非實證主義法概念的必要性：尊重公民權利以及正確性宣稱。

h. 坦誠性論據

坦誠性論據主張，非實證主義的法概念在刑事案件中會導致迴避「無法律即無刑罰」的原則。哈特藉由一九四九年由邦堡（Bamberg）的邦高等法院所判決的案件來說明這個論據。[80]有一個想要擺脫其丈夫的女人向官署告發，她的丈夫從前線回來渡假時發表了侮蔑希特勒的評論。這個丈夫被逮捕，並且按照處罰此種言論的規定被判處死刑，但並未執行，而是被送往前線看管。一九四九年這個女人依剝奪自由罪被起訴。這個案子最後來到邦堡的邦高等法院，邦高等法院判決她有罪。法院的見解認爲，這個丈夫的死刑判決是合法的，由於此判決所依據的納粹刑法只要求「不作爲，亦即緘默」，因此這個死刑判決並不是依據「明顯違背自然法的制定法」所作出的。[81]邦高等法院立基於一個有爭議的刑法釋義學建構來判處這個女人有罪，按照這個建構，有可能以間接正犯的方式來犯下可罰的剝奪自由，即便直接行爲人——在此即當時作出死刑判決的法院——的行爲是合法的。法院認爲這個告發行爲是違法的，因爲它「違背了所有正直之人的公平感與正義感」。這個建構方式在刑法釋義學上的正確性暫且擱置不論。[82]也不需要去關心哈特——正如他自己後來注意到的[83]——其實錯誤地描述了這個案子，因爲他以爲邦堡的邦高等法院是藉由否認死刑判決所依據之納粹制定法具有法效力來獲致其結論。[84]如果像邦堡的邦高等法院一樣，因爲那條允許對於侮蔑獨裁者的言論判處死刑的法律所要求的只是不作爲，因此不將其視爲極端的不正義，那麼只需要設想一個假設的案例，在該案中有一個婦女告發她的丈夫，因爲她的丈夫在獨裁政權中不去參與基於制定法所命令的極端不正義殺人行爲。按照邦堡的邦高等法院的見解，這個婦女會被判有罪，因爲由其告發所作出的判決是違法的。

對此哈特表示反對：

「當然，還有另外兩種可能的選擇。第一種可能是開釋這個婦女不讓其受處罰；但人們可能會同意並且認可這個看法，即讓其不受處罰會是一件壞事。另外一種可能是面對現實，如果要處罰這個婦女，那就必須要制定明白地溯及既往的法律，並且充分意識到用這種方式去處罰她是以什麼爲代價。溯及既往的刑事立法與處罰固然可能令人憎惡，但在本案中公開地這麼作，至少會有坦誠的優點。這會讓人清楚看到，處罰這個婦女就必須在兩害之間作選擇：讓她不受處罰或者犧牲大多數法律體系所珍視的道德原則。」[85]

坦誠性論據是反對非實證主義法概念最強的論據，但非實證主義的法概念並未因此被擊倒。首先，非實證主義者有一條出路可從哈特指出的兩難中脫困。非實證主義者可以否認那條蘊含了有權告密的不正義制定法的法律性質，但仍然得出免予刑罰的結論。要作到這一點，他只需要出於特定的刑法理由將「無法律即無刑罰」這個原則適用於所有被制定且具有實效的規範，並且只適用於這些規範，而不論其內容的不正義。那麼就刑法領域而言，為了保障公民，賴德布魯赫公式就會被「無法律即無刑罰」這個原則所限制。如此一來，賴德布魯赫公式只有在刑法以外的領域才會發揮作用。不過，比較好的是另外一種回應方式。賴德布魯赫公式只會導致這些行為的可罰性，即其不正義的內容是如此極端也因而如此明顯，以至於比起許多一般的刑事案件，這些行為的不正義更容易被辨認。[86] 如果——就像告密案一樣——藉助非實證主義的法概念不是用來產生作為可罰性根據的規範，而是駁斥會排除可罰性的不正義制定法，那麼這樣的作法無論如何是可以接受的。如果這些排除可罰性的制定法規範，其不正義是如此極端且因而如此明顯，以至於每個人都可以清楚看出其不正義時，就不能夠說是隱藏的溯及既往了。因為如果在行為作出時就可以清楚看出這些規範的不正義，並且由於其不正義在當時就是如此極端，從而明顯到任何人都能夠清楚看出，那麼這些規範在行為時就已不是能排除可罰性的法律了。因此，這並不是溯及既往地改變法律狀態，而只是確認在行爲時的法律狀態爲何。如果不正義論據限縮爲弱的聯結命題，即它只有在極端且因而是明顯的不正義時才發揮作用，那就沒有隱藏的溯及既往，因此也不會有不坦誠性可言。

i 小結

綜觀適用於個別規範之弱版本的不正義論據——如同賴德布魯赫公式所表述的那樣——的各種支持與反對論點，支持這個論據的理由強過反對的理由。所有的反對論據至少都可以被削弱到與支持的論據處於平手的局面。除此之外還能夠舉出有利於不正義論據的種種理由。比方說，在效用論據的架構內可以指出風險效果，這個效果在不義政權底下也能夠對於反對制定法的不正義發揮一定的作用。特別重要的是在討論不必要性論據時所說明的，在不義政權垮臺後非實證主義法概念的必要性。如果新的立法者無所作爲，並且無法根據現行有效的憲法宣告不正義的制定法無關乎目前待決的裁判時，從尊重公民權利與必然聯結於法官判決的正確性宣稱就得出了非實證主義法概念的必要性。就刑法領域而言，可以顯示弱版本的不正義論據與「無法律即無刑罰」這個原則是相容的。然而也可以清楚地看出，對於這一連串反對論據的駁斥，取決於有一些最低限度的道德要求——這涉及了基本人權的核心部分——可被理性地證成。如果這樣的證成不成功，那就只有在一個立足於人權傳統的法律實踐中才能駁倒反對不正義論據的法實證主義者，這雖然不是嚴格意義下的反駁，但從實際的觀點來看也已接近於這樣的反駁了。

B. 法律體系

問題是，不正義論據是否不只適用於個別規範，同時也能夠適用至整個法律體系？如前所述，既未明示也未默示地提出正確性宣稱的規範體系，就算從觀察者觀點來看也不能被劃作是法律體系。[87]在此要注意到這只有微小的實際後果，因爲實際上存在的規範體系通常會提出正確性宣稱，即便這個宣稱的證成可能非常薄弱。只有當雖然提出了正確性宣稱，卻未予實現時，才會出現實際上重要的問題。一旦正確性宣稱的未予實現逾越了極端不正義的門檻，不正義論據就開始發揮作用。問題在於，除了極端不正義之個別規範的結果加總之外，這是否還會產生影響整個法律體系的後果？

這種適用於體系的論據可見於柯里勒（Martin Kriele），他的出發點是下面這個命題：「遵守法律是道德上的義務，假設法律『整體而言』將道德納入考量的話」[88]。如果法律體系立基於民主憲政國家的原則，按照柯里勒的看法，這個條件就滿足了，而在極權獨裁體制中就沒有滿足這個條件。柯里勒的整個論據著眼於法律義務作爲道德義務，以及與此相關的法律體系與個別法律規範之正當性問題。

柯里勒著眼的正當性問題並不等於在此所要處理的問題。缺乏正當性並不必然導致缺少法律性質，而且一條被歸類爲法律規範的規範有可能要求某個違背道德義務的行爲，此即柯里勒自己所說的「不道德的法律」[89]。要觸及在此所要處理的問題，必須將柯里勒的論據轉化爲針對法律性質的論據。在這裡要考察的是這個論據的下列版本：如果一個規範體系整體而言是極端不正義的，那麼它就喪失了法律性質。這個公式可以有不同的詮釋，在此要考慮以下兩種詮釋：擴散命題與崩潰命題。

a. 擴散命題

擴散命題主張，一個法律體系的基本實質規範喪失法律性質，會導致所有屬於這個體系的典型規範也喪失法律性質，亦即在這個意義上擴散到後者。擴散命題是柯里勒——在他提問的架構下——所主張的。這從他下面這個命題可以看出：

「即便在極權國家中也有直接的制定法正當性，即那些並非這個體系典型的、且例外地與道德相符合的制定法。關於遵守契約、締結婚姻、禁止謀殺或者道路交通規則的制定法，在極權國家中也被認爲是具有正當性的，因爲即便按照啓蒙的標準它們也能被正當化。這些制定法的正當性之所以存在，不是因爲它們源自於極權體系，而是儘管它們有這樣的來源，但它們和這個體系只有外在的、而沒有內在的關聯。」[90]

按照這個結構的論證，一個極端不正義的法律體系的個別規範，並非僅當它是極端不正義的個別規範才失去法效力；即便它本身可能尚未到達極端不正義的門檻，但只要它作爲「這個體系的典型」規範分擔了整個體系的不正義特性，就足以使其失去法律性質。由此擴散命題導向了一種典型的從整體到部分的論證：個別元素會因爲它是具有某個特定性質的整體的一部分而被認定爲具有這個性質，倘若孤立地來看它並不會具有這個性質。這種從整體到部分的論證的確能夠輕易地解釋，在極端不正義的案例中，除了將極端不正義之個別規範的結果單純加總以外，如何能夠產生影響整個規範體系之法律性質的後果。問題是，擴散命題以及從整體到部分的論證是不是可接受的？回答這個問題的關鍵點在於，所爭論的不是道德正確性、正義或遵循啓蒙標準，而是法律性質。在討論賴德布魯赫公式所表述的、適用於個別規範的不正義論據時已指出，對於由權威制定且有社會實效的規範，反對剝奪其法律性質的一個主要論據是法安定性。只有在極端不正義的案例中，因爲這些案例是相對清楚可認識的，法安定性論據才會被擊倒。這同樣適用於整個法律體系。如果一條規範尚未到達極端不正義的門檻，只由於它以某種方式分擔了整個體系的不正義內涵並因此屬於這個體系的典型規範，就失去其法律性質，這將會對法安定性造成嚴重的侵害。一條規範可以或多或少分擔了整個體系的不正義，它可以或多或少是這個體系的典型規範。任何程度的分擔——即便只是輕微的——都應該剝奪其法律性質嗎？如果是的話，那要如何辨認一條規範是否分擔了整個體系的不正義——即便只是輕微程度的分擔？如果一條規範有時可以被詮釋爲這個體系的典型規範並以此方式被適用——儘管它也可以用別種方式來詮釋與適用——這就算是分擔了整個體系的不正義嗎？如果輕微的分擔還不夠，那要到什麼樣的程度？這個程度要以何種方式來確定才能滿足法安定性的要求？這些問題清楚顯示了，尚未到達極端不正義的界限就去否認法律性質，都要以嚴重損失法安定性爲代價。在極端不正義的情況，法安定性的退讓還算勉強可以忍受，但任何進一步的限制就不再是可接受的了。這意謂著，如果涉及法律性質的問題，就必須堅持極端不正義這個判準，而這個判準必須適用於，也只能適用於個別規範。擴散命題在其他脈絡下或許是合理的，但作爲一個關於法律性質的命題它不具有說服力，因此它不能得出這個結論：整個法律體系的不正義性質會產生超出將不正義論據適用於個別規範以外的後果。

b. 崩潰命題

現在的問題是，第二種詮釋是否會有所不同。在此，「一個規範體系會喪失其法律性質，如果它整體而言是極端不正義的」是按照崩潰命題的意義來理解的。不同於擴散命題，崩潰命題主張：個別規範只有當它是極端不正義的，才會基於道德理由而喪失法律性質。崩潰命題的基礎是賴德布魯赫公式所表述的、適用於個別規範的不正義論據，就個別規範而言，它並未有所增添。它和整個體系之間的關聯是透過下面這個主張所建立的：如果有非常多、特別是許多對於體系具有重要性的個別規範被否認具有法律性質，整個體系作爲法律體系就崩潰了。崩潰的原因不是某種擴散效果，而是不足以成爲一個法律體系。

如果有非常多、特別是許多對於體系具有重要性的個別規範失去法律性質，那麼法律體系的特質會有根本的改變，就這一點而言，崩潰命題是正確的。在這個情況下可以說法律體系的內容同一性有所改變，並且在這個意義下——但也只有在這個意義下——舊的體系崩潰了。但此處的關鍵是，在另外一個意義下，即不著眼於內容同一性，而是著眼於一個體系作爲法律體系的存在，就沒有所謂崩潰可言。即便有許多個別規範基於道德理由被否認具有法律性質，並且其中有許多對於體系的特性具有重要性的規範，這個體系作爲法律體系仍能繼續存在。前提在於，法律體系存在所必需的最小部分規範仍然保有法律性質。假設有一個法律體系，它的憲法授予一個獨裁者毫不受限的制定規範權力。這個獨裁者基於這個授權所制定的規範中，有百分之三十是極端不正義的，有百分之二十雖然是不正義的，但未達極端程度，有百分之二十既非不正義亦非正義的要求，還有百分之三十則是正義的要求。這百分之三十極端不正義的是賦予不義體系特性的規範，另外百分之三十由正義所要求的則像是契約法、侵權行爲法與社會法的規範。按照賴德布魯赫公式，只有那百分之三十屬於極端不正義的規範才會被否認具有法律性質，剩下的百分之七十則不能適用賴德布魯赫公式。因此，只有當那百分之三十極端不正義的規範，會讓上述的授權規範作爲極端不正義的規範在其整體範圍內失去法律性質時，這個法律體系的存在才會因此受到威脅，因爲剩下百分之七十屬於這個體系的規範也會失去其效力基礎。如此一來，這個法律體系作爲階層構造的體系將會喪失其存在，並且在這個意義下崩潰。只有一部分的規範可被看作是立基於習慣法與/或自然法的體系；然而，就算有部分的規範同一性，這個體系也將是另外一個體系了。

後面這一點顯示了，如果且因爲基於某個授權規範制定了或可能制定極端不正義的規範，而想要否認這個授權規範在其整體範圍內的法律性質，就必須採用一種相當刻意的建構方式。基於具有社會實效的授權規範所制定的法律規範，必須被視為習慣法與／或自然法才能解釋其效力。要看出這個作法實際上是不妥的，只需要將上面的例子略為修改如下：不是一個獨裁者，而是民主選出的國會用上述方式來行使其被授予的制定規範權力。如此一來，這個反對意見——認為授予單獨個人毫無限制的制定規範權力是極端不正義的——就不成立了。因為在這個例子的前提下，授權規範本身並非極端不正義的，只有一部分源自於它的規範是極端不正義的。但這意謂著，那百分之三十極端不正義的規範並不會使得這個授權規範本身喪失法律性質，[91]整個法律體系也不會因此崩潰。

由此可以確定，將不正義論據適用於整個法律體系，並不會產生超出將其適用於個別規範以外的後果。[92]

(3) 原則論據

不正義論據針對的是極端不正義的制定法這種例外狀況，原則論據則涉及了法律的日常實踐。原則論據的出發點是法實證主義者與非法實證主義者都同意的法學方法論洞見。正如哈特所說，實證法都具有開放結構（open texture）[93]。之所以如此有許多原因，其中特別重要的是法律語言的模糊性、規範衝突的可能性、欠缺可作爲判決依據的規範、在特定案件中可能必須作出牴觸規範文義的判決。[94]這些可稱爲實證法的「開放領域」。開放領域可能或寬或窄，但它存在於每個法律體系。落在開放領域的案件就稱之爲「疑難案件」。

從實證主義理論的觀點來看，這個現象只能夠以一種方式來解釋。在實證法的開放領域中，按照定義就無法根據實證法作出判決，因爲倘若可以根據實證法作出判決的話，那就不是處於開放領域了。由於只有實證法才是法律，因此在開放領域，亦即在所有疑難案件中，法官必須依據非法律的或法律外的標準來裁判。就此而言，法官是由實證法所授權、基本上像立法者一樣根據法律以外的標準來創造新的法律。[95]奧斯丁在一百多年前就以下面這句話來陳述這個現象：「凡法官裁量之所至，即無任何法律。」[96]

相反地，原則論據主張，即便在實證法——即被制定且有實效的法律——的開放領域，法官仍然受到法律拘束，更確切地說，是以一種確立法律與道德之間必然聯結的方式受法律所拘束。[97]這符合了聯邦憲法法院在前述的法律續造裁定中所說的：

「法律並不等同於成文制定法的總合。相對於國家權力所制定的法令，在某些情況下還存在著更高的法律。」[98]

原則論據的基礎是規則與原則的區分。[99] 規則是一旦滿足其構成要件即指示確定法律效果的規範，即滿足特定的前提就確定地要求、禁止、允許或授權作某事的規範。規則因此可簡稱爲「**確定性的命令**」，它的典型適用方式是涵攝。相對地，原則乃是**最佳化命令**，就此而論，原則是一種規範，它要求某事在相對於法律與事實的可能範圍內以盡可能高的程度被實現。這意謂著，原則能夠以不同的程度被實現，其所要求的實現程度不僅取決於事實上的可能性，同時也取決於法律上的可能性。原則在法律上的實現可能性除了透過規則，基本上是透過相對立的原則所決定。這蘊含了，原則可被衡量且必須被衡量。衡量是原則的典型適用方式。

規則與原則這個規範理論上的區分藉由三個命題來導出法律與道德之間的必然關聯，這三個命題稱爲「安置命題」、「道德命題」、「正確性命題」。藉由這三個命題所證成的必然關聯首先是概念上的必然關聯，其次則是單純的品質式關聯而非——像不正義論據那樣的——區分式關聯；最後，它只對法律體系的參與者成立，對觀察者則否。

A. 安置命題

安置命題主張，每一個最低限度發展的法律體系必然包含了原則。在一個充分發展的法律體系中，這樣的安置是顯而易見的，聯邦德國的法律體系就是具有啓發性的例子。德國基本法包含了人性尊嚴（基本法第一條第一項）、自由（基本法第二條第一項）、平等（基本法第三條第一項）、法治國、民主國與社會國（基本法第二十條、第二十八條第一項第一句）等原則，藉此基本法已將現代自然法與理性法的基本原則以及現代法律與國家的道德原則，安置於聯邦德國的法律體系中成爲實證法的原則。這同樣也適用於民主法治國類型的法律體系，儘管安置技術有所差異，比重也有所不同。

沒有實證主義者會對實證法安置原則這一點有所爭執——假設他接受除了規則之外，原則也能屬於法律體系。他要挑戰的是，由此會產生某種法律與道德之間的必然關聯。實證主義者有許多論據可供運用。第一個論據是，法律體系是否會安置任何原則，完全是實證法的問題。[100] 如果這是正確的，原則論據將在第一階段就被擊敗了，頂多只能夠主張由實證法所建立的法律與道德之間的聯結，而這是和法實證主義相容的。因爲實證主義者並不否認，實證法——如霍斯特所說的——可以「確保道德被納入考量」。[101] 實證主義者只是堅持，安置道德原則與否是由實證法所決定的。

因此問題在於：是否不只某些法律體系會依據實證法來安置具有原則結構的規範，而是所有法律體系都必然包含了具有原則結構的規範？這個問題要從參與者觀點，尤其是從必須裁決疑難案件的法官觀點來回答。所謂疑難案件就是處於法律體系開放領域的案件，它無法僅依據給定的權威性素材來解決。法官是否倚賴原則的一個判準是法官進行衡量與否。下面這個命題是成立的：凡是進行衡量，就必然倚賴原則。這個命題之所以成立，是因爲：正當相互對立的理由存在時，衡量才是必要的，這些理由就其個別而言都是支持某個判決的良好理由，而它們之所以無法直接得出確定的判決，只因爲同時還存在著其他理由要求作出不同的判決；這樣的理由，若非其本身就是原則，就是基於原則的理由。【102】

實證主義者可以承認這一點，卻仍然否認由此可以導出：凡是法官在疑難案件中都進行衡量的法律體系就包含了原則。實證主義者會主張：光是進行衡量，並不意謂著被衡量的原則就屬於法律體系。按照實證主義的看法，這些原則只是道德原則或者其他性質的原則，衡量的需要並非法律的要求，而是法律以外的要求。對此可以反駁如下：對於參與者而言，法律體系不只是結果意義下的規範體系，而且還是個程序的體系；從參與者的角度來看，凡是在判決與證立過程中被考量的理由，都屬於這個程序，因而也屬於法律體系。

原則論據的反對者未必滿意這個論點。他可以這麼反駁：單從法官在判決與證成的過程中考量了某些理由——即原則，仍不能導出這些理由就屬於法律體系。然而藉由正確性論據可以排除這個反駁。如前所述，法官的判決必然會提出正確性宣稱。[103] 由於這個宣稱必然聯結於法官的判決，所以它是法律的宣稱而不僅僅是道德的宣稱。與法律的正確性宣稱相應的，是實現這個宣稱的義務，不論違反這個義務的法律後果爲何。正確性宣稱要求，在疑難案件中，只要可能的話，就始終要進行衡量並因而要考慮原則。倘若有個法官在某個疑難案件中，根據下面的說理從兩個與權威素材相容的判決中選擇其一：「如果我有衡量的話，我會作出另一個判決，但我並沒有衡量。」若是如此，則正確性宣稱必然沒有被實現。這就清楚顯示了：在所有存在著疑難案件並引發衡量問題的法律體系中，進行衡量並因而考慮原則是法律上的要求。這意謂著，在所有這樣的法律體系中，出於法律的理由，原則是法律體系的必然要素。

原則論據的反對者還有一條最後的出路。他可以主張，可能存在著沒有疑難案件、從而不會有衡量問題的法律體系。由於在這樣的法律體系中不需要考量原則即可作出判決，因此「所有法律體系必然包含具有原則結構的規範」這個命題並不爲眞。是否曾存在著這樣的法律體系——即沒有疑難案件，從而不會有衡量問題的法律體系——是個有趣的經驗問題，但在此不深究這個問題。無論如何，這樣的法律體系絕對不是一個已達最低限度發展的法律體系。所以下面這個命題仍然成立：從某個最低限度的發展階段開始，所有的法律體系都必然包含原則。這足以作爲藉由原則論據來證成法律與道德之間具有必然關聯的基礎。「所有法律體系都必然包含原則」這個命題，因而可以加上「只限於至少已達最低限度發展的法律體系」這個限制，而不會讓原則論據在此被駁倒。

B. 道德命題

從「所有已達最低限度發展階段的法律體系都必然包含具有原則結構的規範」還不能導出法律與道德之間存在著必然關聯。這就像單以「所有民主法治國型態的法律體系都安置了現代法律與國家的道德原則」仍無法證成法律與道德的必然關聯一樣。任何一個實證主義者都可以說，是基於實證法才恰巧安置了這些原則。這可以極端化爲下面這個主張：屬於法律體系的原則是否建立了法律與道德之間的關聯，始終是個實證法的問題。

要反駁這一點，必須區分法律與道德之間具有必然關聯這個命題的弱版本與強版本。這個命題的弱版本主張，法律與**某一種**道德之間具有必然關聯；強版本則主張，法律和**正確的**道德之間存在著必然關聯。在此只要先關注弱版本的命題，即原則必然存在於法律體系會導致法律和某種道德之間的必然關聯。這個命題可稱爲「**道德命題**」。

如果在疑難案件為了實現正確性宣稱所必須考量的原則當中，始終有些原則屬於某種道德，那麼道德命題就是正確的。事實上的確如此。疑難案件的主要工作是去找出實踐問題的答案，而這個答案無法從給定的權威素材中確定地得出。在法律領域要解決實踐問題，就是去主張什麼是應該作的。一個人要主張什麼是應該作的，卻又無法將其答案完全仰賴於權威的決定，若他要滿足正確性宣稱，就必須考量所有相關的原則。而在這些與解決實踐問題相關的原則當中，始終有屬於某種道德的原則。這些原則不需要像自由或法治國原則那麼抽象，它們經常是像信賴保護或自然環境保護原則這種比較具體的原則。它們——例如種族隔離原則——也可能在內容上非常不同於民主憲政國家的原則。這裡的重點只在於，這些原則始終是某種道德原則，而不論這種道德的正確與否。

實證主義者可能會反駁說，這和他的理論是相容的。法實證主義所強調的正是，在疑難案件中法官必須根據法律以外的標準來裁判，這包括了根據道德原則的判決。[104]然而，這個反駁並沒有擊中要點。關鍵在於：首先，按照安置命題，原則必然是法律體系的組成部分；其次，按照道德命題，這些原則必然屬於某種道德。這個必然屬於法律又屬於道德的雙重性質意謂著，對於法官在疑難案件中的裁判要採取不同於法實證主義的解釋。由於依其內容為道德原則的原則被安置在法律中，所以訴諸這些原則的法官是根據法律的標準作出判決。借用模稜兩可的形式與內容二分法，可以說，訴諸原則的法官在內容上是根據道德理由，在形式上是根據法律理由來作出判決。

C. 正確性命題

目前爲止只證明了原則論據導出了法律和某種道德之間的必然關聯。顯而易見的反對是，這證明了太少。在談到法律與道德之間的必然關聯時，通常指的是法律與正確的道德之間具有必然關聯，對於參與者觀點而言特別是如此。如果原則論據不足以建立法律與正確的道德之間具有某種必然關聯，這個反對意見的確會擊中非實證主義者。要成功地建立這種必然關聯，是**正確性命題**的要旨。正確性命題是在原則論據的架構內適用正確性論據的結果。

如果實證法原則所具有的內容是道德所要求的或至少是道德所允許的，則正確性命題不會造成什麼問題。基本法的六個基本原則——人性尊嚴、自由、平等、法治國、民主國、社會國等原則——可以作爲例子。作爲最佳化命令，這些原則要求盡可能廣泛地被實現；它們共同要求趨近地實現法律理想，即民主與社會法治國的理想。[105]當這些原則或其各種下位原則在疑難案件中是相關的，法官就負有法律的義務針對具體個案去最佳地實現這些原則。法官在此要回答的是個法律問題，而這個問題依其內容也是政治道德的問題。法官用以證成其衡量結果的論據中，至少有一部分在內容上具有道德論據的特性。由此得出了，必然聯結於判決的法律正確性宣稱包含了道德正確性的宣稱。因此，在一個法律體系中，如果它的實證法原則具有道德所要求的或至少是道德所允許的內容，就存在著法律與正確道德之間的必然關聯。

原則論據的反對者可以反駁說：由此所導出的法律與道德之間的必然關聯僅限於具有道德正當性的法律體系，但並不能得出適用於所有法律體系的完全必然關聯。在這個脈絡下，他可以指出像是納粹法律體系這種包含了種族原則與領袖原則的法律體系，【106】這些原則立基於與基本法原則完全不同的道德。於是他可以問說：正確性論據在原則論據架構內的運用在此要如何導出法律與正確道德之間的必然聯結？

在這個問題上原則論據觸及了不正義論據，但這一點在此並不重要。關鍵是，即便是適用種族原則與領袖原則的法官，他的判決也必然提出了正確性宣稱。正確性宣稱蘊含了**可證成性的宣稱**。可證成性的宣稱並非只限於判決在某一種道德的意義下是可證成的、並且就此而言是正確的；它更及於判決在可證成的、從而爲正確的道德之意義下是正確的。正確性宣稱也包含了判決所依據之原則的道德正確性宣稱，由此建立了法律與正確的道德之間的必然關聯。

批評者可能反對說，以這種方式所建立的法律與正確道德之間的必然聯結太過鬆散，以致無法稱之爲必然的聯結。批評者認爲，首先，它只涉及了宣稱而非宣稱的實現；其次，只論及正確的道德卻沒有談到正確的道德是什麼。這兩個觀察都是正確的，但聯結命題並不會因此被擊倒。

在不正義論據的範圍以外——即未達極端不正義的界限時，只憑正確性宣稱而非正確性宣稱的實現，就能夠建立法律與正確的道德之間的必然關聯，這一點是顯而易見的。若要著眼於正確性宣稱的實現，那就主張過多了。這個主張是，法律——包括每一個法院判決——都必然實現了道德正確性的宣稱，簡言之：法律始終是道德上正確的。這蘊含了，凡不是道德上正確的就不是法律。在討論不正義論據時就已指出了，這種強的聯結命題是無法被辯護的。因此這裡涉及的不能是區分的關聯，而只能是品質的關聯。若未達極端不正義的界限，違反道德並不會導致系爭的規範或判決失去法律性質——易言之，使得它們不是法律（區分的關聯），而只會導致它們成爲法律上有瑕疵的規範或判決（品質的關聯）。必然聯結於法律的正確性宣稱，由於其包含了道德正確性宣稱，因此在未達極端不正義的界限時，違反正確的道德雖然不至於喪失法律性質，卻必然導致法律上有瑕疵。區分的關聯可稱爲「剛性的」關聯，品質的關聯可稱爲「柔性的」關聯。即使是柔性的關聯也可以是必然的關聯。

還有一種反對意見認爲，單純訴諸某種正確的道德太過薄弱。就算給出一個全面性的道德規則體系，它能夠在每個案件中都明確判斷法律規範或司法判決是否違反這些規則，也無法排除這個反對意見。儘管在逾越極端不正義的界限後，對於什麼是違反道德的有廣泛共識，但在尚未到達這個界限前，對此仍是充滿爭議的。然而，這並不表示，在未達極端不正義的界限時，關於何爲正義、何爲不正義就完全沒有標準。這裡的關鍵在於正確性宣稱所蘊含的可證成性宣稱。它導出了一個道德觀爲了不被認定爲錯誤的道德所必須至少滿足的一些要求，也導出了一個道德觀要有可能成爲正確的道德所必須盡量滿足的另一些要求。[107]無法滿足這些要求的原則證成，可見於司徒嘉（Stuckart）與葛羅克（Globke）的種族立法註釋書對於種族原則的證成：

「根據最嚴格的科學知識，今天我們知道了，人類從最深層的、無意識的情緒波動到最細微的腦纖維質，都與其所屬的民族與種族處於眞實的、不可分的關係。種族在精神面貌上的烙印就像在外觀容貌上一樣清楚。種族決定了人的思想、感受、力量、天性，它構成了

人的特性、人的本質。」【108】

這個對於種族原則的證成方式並不符合理性證立的最低要求。只要看「種族決定了個人的思想」這個主張就夠了，它完全不符合「最嚴格的科學知識」，而是經驗上錯誤的，日常經驗就足以證明之。

如果從參與者觀點將法律體系同時看作是程序的體系，就可以清楚地看出，品質的關聯或柔性的關聯並不會導出法律與某種特定的、被標誌爲正確的實質道德之間具有必然關聯，反而是導向法律與證成意義下的正確道德理念之間具有必然關聯。這個理念絕非空洞的，將正確的道德理念聯結於法律，就意謂著，屬於法律的不只是法律論證的特別規則，還包括了道德論證的一般規則，因爲凡是在道德領域有可能爲正確者，乃是根據這些規則才成爲可能。這些規則排除了顯著的不理性與不正義。除此之外，正確道德的理念作爲一個必須追求的目標，它具有規制性理念的特色。【109】就此而言，正確性宣稱導向了必然聯結於法律的理想面向。

第三章 法律的效力

第一節　效力的概念

對應於法概念的三要素——社會的實效性、內容的正確性、權威的制定性——是三種效力的概念：社會學、倫理學與法學的效力概念。

1. 社會學的效力概念

社會學效力概念的對象是社會的效力。一條規範如果被遵守，或者不遵守時會被制裁，那麼它就具有**社會的**效力。這個定義可以有許多種解釋方式。第一個原因是，它所使用的「遵守」與「制裁」是歧義的概念，特別是遵守規範這個概念。比方說，可以去追問所謂的「遵守規範」是只要有外在的符合規範行爲就足夠了，還是要預設行爲人有一定的認識或動機。如果著重的是後者，就會面臨一個問題：必須具有什麼樣的認識或動機才稱得上是「遵守規範」。第二個原因是，規範可以不同程度地被遵守，並且不遵守規範可以不同程度地被制裁，因此，社會的實效乃至規範的社會效力是個程度問題。例如，如果某條規範在它所有適用的狀況中有百分之八十被遵守，在它不被遵守的案例中有百分之九十五受到制裁，這條規範就有很高的實效程度。反之，如果某條規範在它適用的狀況下只有百分之五被遵守，在它不被遵守的案例中只有百分之三被制裁，它的實效程度就非常低。然而，在這些極端狀況之間的實效程度是不清楚的。假設有一條規範百分之八十五被遵守，但在其不被遵守的案例中只有百分之一被制裁；另一條規範只有百分之二十被遵守，在其不被遵守的案例中卻有百分之九十八被制裁，這兩條規範何者具有較高的社會實效程度，無法只憑數據比較來決定。要回答這個問題，必須在社會的效力概念中去界定「遵守」與「不遵守時被制裁」這兩者之間的比重。

在法社會學的領域對於社會效力概念的問題有深入研究；[1] 而實效研究[2] 所提出的經驗問題要求更精確的表述。在此只需要提及三個洞見：第一、社會的效力是個程度問題。第二、依據「遵守」以及「不遵守時被制裁」這兩個判準可以認知社會的效力。第三、違反法律規範的制裁包含了物理強制力的運用，這在已發展的法律體系中是由國家所行使。[3]

2. 倫理學的效力概念

倫理學效力概念的對象是道德的效力。一條規範如果是道德上正當的，它就是**道德上**有效的。倫理學的效力概念是自然法與理性法理論的基礎。自然法與理性法規範的效力既不仰賴社會實效，也不仰賴權威的制定，而只依據由道德證成所證明的內容正確性。

3. 法學的效力概念

社會學與倫理學的效力概念不需要必然地包含其他效力概念的要素，在這個意義下它們是純粹的效力概念。法學的效力概念則有所不同，它的對象是法律的效力。如果一個規範體系或一條規範毫無社會的效力，亦即它沒有展現最低的社會實效，那麼這個規範體系或這條規範也不會是法律上有效的。法律效力的概念因此必然包含了社會效力的要素。如果它只包含了社會效力的要素，那就是實證主義的法律效力概念；如果它還包含了道德效力的要素，那就是非實證主義的法律效力概念。

一個完全發展的法律效力概念，其作爲實證主義的概念包含了社會效力的要素，而作爲非實證主義的概念則包含了社會效力與道德效力的要素，但這並不排除去建構一個**狹義的法律效力概念**，這個概念完全只涉及法律效力的特殊性質，從而是與社會效力及道德效力概念相對立的概念。如果我們說：「當一條規範是由有權機關以按照規定的方式所制定、並且不牴觸上位階的法律——簡單說，就是由權威所制定的，則這條規範是**法律上有效的**」，那麼此時指的就是狹義的法律效力概念。

法學的效力概念帶來了兩個問題：一個是內部的，另一個是外部的。內部的問題來自於，法律效力的定義已經預設了法律的效力，因此似乎是個循環定義。否則要如何去說什麼是「有權機關」或者規範是以「按照規定的方式」被制定？這個問題導向了基本規範的問題。外部的問題則在於如何決定法學的效力概念與其他兩個效力概念之間的關係。與倫理學效力概念的關係在討論法實證主義時已經處理過了，懸而未決的是與社會學效力概念的關係。以下首先說明外部問題，基於體系的理由也會再次處理法學的效力概念與倫理學效力概念的關係。

第二節　效力衝突

極端案例可以讓我們認識到在通常情況中所未見之處。在效力概念領域中的極端案例是效力衝突。首先要處理的是法律的效力與社會的效力之間的衝突。

1. 法律的效力與社會的效力

之前已證明了，適用於規範體系的未必就適用於個別規範。因此首先要考察的只有規範體系。

(1) 規範體系

一個規範體系具有法律效力的條件在於，屬於這個規範體系的規範整體而言具有社會實效，也就是社會上有效的。[4] 在此只關注已發展的法律體系。一個已發展的法律體系，其規範的法律效力立基於一部成文或不成文的憲法，它規定了在何種條件下一條規範屬於這個法律體系且因此是法律上有效的。根據憲法的效力判準而具有法律效力的個別規範失去其社會效力，並不表示憲法以及立基於其上的整個規範體系就失去法律效力。只有當屬於這個規範體系的規範整體而言不再具有社會實效——亦即它們整體而言不再被遵守或違反時不再被制裁時，才會跨過這個門檻。

整個規範體系的效力問題，最清楚地呈現於兩個彼此不容的規範體系相互競爭時，這個情況出現在像是革命、內戰或分離的案例中。在一方或另一方勝利後，可以容易地判斷哪一個規範體系是有效的：有效的就是相對於另一個規範體系而言已被普遍接受的那個規範體系，因爲「被普遍接受」意謂著它就是現在唯一整體而言具有社會實效的規範體系。不容易判斷的是當規範體系相互競爭，亦即處於政治鬥爭的時候。這時有三種可能。第一種可能性是，由於兩個規範體系當中沒有哪一個整體而言是具有社會實效的，因此兩者都不是有效的規範體系。第二種可能性在於，雖然沒有人知道哪一個規範體系最終勝出，但最終獲勝的規範體系是有效的。第三種可能性是，雖然舊的規範體系不再是整體而言具有實效，但直到新的規範體系被普遍接受——即整體而言具有社會實效——之前，它還是有效的。研究這三種可能性以及各式各樣的中間類型，乃是法律體系轉型理論的任務。

霍斯特認為，法概念的特徵之一在於，一個規範體系僅當它「與社會中其他規範性強制秩序公開衝突時是被普遍接受的」[5]，才是法律體系，也才是法律上有效的。這個判準可稱之為「優勢性判準」。優勢性判準並沒有對於「整體而言具有社會實效」這個判準作出任何補充，因為前者已被包含在後者當中。一個規範體系如果相對於其他規範性強制秩序而言不是被普遍接受的，它就不是整體而言具有社會實效。

(2) 個別規範

在一個整體而言具有社會實效的法律體系中，某條由權威所制定的個別規範，並不會僅因為它經常不被遵守以及不被遵守時很少出現制裁，就失去其法律效力。因此，和法律體系不同，大體上具有社會實效並非個別規範具有法律效力的條件。這個差異的理由是顯而易見的。對於個別規範可以說，它是有效的，因爲它屬於一個整體而言具有社會實效的法律體系。但對於法律體系而言，這種說法沒有意義，因爲一個法律體系只能夠屬於它自己。

然而，對於個別規範而言，法律的效力與社會的效力之間仍然有某種關係，以致這兩種效力的衝突會對個別規範的法律效力產生影響。個別規範具有法律效力的條件雖不在於它大體上具有社會實效，卻在於它必須展現**最低限度的社會實效或實效可能性**。相應於此的是透過習慣法而廢止（Derogation）的現象。這種廢止現象在於，一條規範由於其實效性降到最低限度以下而喪失了法律的效力。就像法律體系整體而言所具有的社會實效一樣，這個最低限度——撇開完全無實效的情況不談——無法一般性地精確界定。因此可能在某些案例中，一條規範是否因此種廢止而喪失其法律效力是有高度疑義的。

2. 法律的效力與道德的效力

法律的效力與道德的效力之間的衝突在批評實證主義的法概念時已作了必要的說明。[6]因此在這裡只需要去比較之前所獲致的結論與此種效力衝突的解決方式。

(1) 規範體系

既未明示也未默示地提出正確性宣稱的規範體系就不是法律體系，因此也不可能是法律上有效的。這一點沒有多大的實際後果，因爲實際存在的法律體系通常都會提出正確性宣稱，即便這個宣稱的證成非常薄弱。

具有實際意義的問題出現於，雖然提出了正確性宣稱，但正確性宣稱之未予實現到達了使得規範體系被認定爲不正義體系的程度。現在的問題就是不正義論據在整個規範體系上的適用。乍看之下，似乎可以運用類似於用來解決法律效力與道德效力相衝突的公式，亦即一個規範體系如果整體而言是極端不正義的，它就失去其法律效力。然而，在討論擴散命題與崩潰命題時已經證明了，這個解決之道是行不通的。[7] 不正義論據的適用領域僅限於個別規範。只有當許多個別規範因爲不正義論據而喪失法律性質，以至於連法律體系存在所必要的最小部分規範都不存在了，這個體系才不再成爲法律體系。但這並不是將不正義論據適用於整個法律體系的結果，而是適用於個別規範的結果所造成的。就法律體系而言，法律效力與社會效力之間的關係，和法律效力與道德效力之間的關係具有不對稱性。這個不對稱性就在於，整個法律體系的法律效力依賴社會的效力多過於依賴道德的效力。一個法律體系如果整體而言不具有社會實效的話，它就不再是法律體系了。相反的，一個法律體系儘管整體而言不具有道德正當性，它仍然可以作爲法律體系而繼續存在。只有當這個法律體系的許多個別規範因爲極端不正義而喪失法律性質並因此失去法律效力，以致連法律體系存在所必要的最小部分規範都不再存在時，它才會崩潰。

一個適當的法概念取決於權威制定性、社會實效性與內容正確性這三個要素彼此之間的關係。[8]現在可以清楚地看出，社會實效性與內容正確性之於權威的制定性並非一般的對等關係，而是有序的階層關係。

(2) 個別規範

個別規範如果是極端不正義的，就失去其法律性質，並因此失去其法律效力。這個判準在結構上相符於下面這個公式：當一條個別規範無法展現最低限度的社會實效或實效可能性時，它就失去其法律效力。[9]這兩者著眼的都是邊緣案件。如果不說個別規範必須展現最低限度的社會實效或實效可能性，也可以說，它不能是極端無實效的或只有極低的實效可能性。反過來說，「一條個別規範當它是極端不正義的，就失去法律的效力」這個公式也可以替換爲下面這個公式：個別規範具有法律效力的前提是，它展現了最低限度的道德可證成性。[10]後者當然會招致一些誤解。即便一條規範並非極端的、而只是單純的不正義，它仍然欠缺了最低限度的道德可證成性，因爲不正義的規範本身就是無法被證成的，因而也無法在最低的限度內獲得證成。然而一條單純不正義的規範可以是法律上有效的，但按照最低限度公式，這預設了它展現了最低限度的道德可證成性。要解決這個矛盾，最低限度的道德可證成性這個概念就不能適用至個別規範本身，而是要適用於個別規範的法律效力。由於法律體系的存在具有道德上的好處，屬於這個體系的規範的法律效力因此可以展現最低限度的道德可證成性，即便這條規範本身因爲其不正義而作不到這一點。因此，最低限度公式當它適用於道德可證成性時，預設了複雜的考量，它反而不如極端不正義這個直接了當的判準。

結論是：當涉及個別規範時，社會的效力與道德的效力這兩者的角色在法律效力的概念架構下具有同樣的結構，兩者針對的都只是邊緣案件。這所表達的事實是：在一個具有社會實效的法律體系之架構下，權威的制定性是個別規範的主要效力判準。法律人的日常實踐正證實了這一點。

第三節　基本規範

排除了社會實效性與內容正確性這兩個要素的法律效力概念，在上文將其歸類爲狹義的法律效力概念，同時也指出了，這個概念除了外部的問題——這個問題在於界定它與社會的效力以及道德的效力之間的關係，還有內部的問題。[11]內部的問題來自於法律效力在定義上的循環性。狹義的法律效力的定義是：一條規範是法律上有效的，如果它是由有權機關以合乎規定的方式所制定，並且不牴觸上位階的法律——簡單說，就是當它是由權威所制定的。「有權機關」、「以合乎規定的方式制定規範」以及「上位階的法律」等概念都已經預設了法律效力的概念。它們所指的只能是：基於法律上有效的規範而有權限的機關、以合乎法律規定的方式來制定規範、法律上有效的上位階法律。若非如此就不是狹義的法律效力概念了。

基本規範是用來解決狹義法律效力概念之循環性的最重要手段。儘管有各種不同的差異可能性，仍可以區分三種形式的基本規範：分析性、規範性、經驗性的基本規範。這三種基本規範的最重要版本分別見諸凱爾森、康德與哈特。

1. 分析性的基本規範（凱爾森）

(1) 基本規範的概念

基本規範是證立一個法律體系中除了基本規範自身以外所有規範之效力的規範。要達到基本規範，只需要問個幾次「爲什麼？」。凱爾森比較了強盜要求交出若干金錢的命令以及稅吏要求繳交同樣數額金錢的指令。[12] 爲什麼稅吏的指令是具有行政處分形式之法律上有效的個體規範[13]，強盜的命令卻不是？答案在於：稅吏可以訴諸制定法的授權，但強盜不行。爲什麼稅吏所依據的制定法是有效的？答案是：憲法授權了立法者去制定這樣的法律。但爲什麼憲法有效呢？這時有人可能會認爲，憲法之所以有效，是因爲它事實上被制定且具有社會實效，並且接著主張，這個答案就已抵達終點而不能再多說什麼了。倘若這個看法是對的，那麼授權立法者制定規範的憲法規範就會是——本身相當複雜的——基本規範。

這個答案的問題在於從實然過渡到應然。實然是由憲法的事實制定性與社會實效性所構成的，這可以表述爲下面這個命題：

（2）憲法V是事實上被制定且具有社會實效。[14]

應然則是憲法的法律效力，它可以表述爲：

（3'）憲法V是法律上有效的。

這個命題是一個應然命題，因爲它蘊含了下面這個命題：[15]

（3）遵守憲法V是法律的要求。

然而，從實然——更精確地說，從任何一個只包含經驗命題的集合——無法**邏輯地**[16]推導出任何規範命題。[17]因此，要從（2）得出（3）或（3'），還必須加入額外的前提。這個額外的前提就是**基本規範**，它可以表述爲允許從（2）過渡到（3'）——然後從（3'）推導出（3），也可以表述爲直接得出（3），以下將考慮第二種表述方式：

（1）如果一部憲法是事實上被制定且具有社會實效，那麼遵守這部憲法就是法律的要求。

現在（1）、（2）、（3）這三個命題可以組成**基本規範的三段論**，其形式如下：

（1）如果一部憲法是事實上被制定且具有社會實效，那麼遵守這部憲法就是法律的要求。

（2）憲法 V 是事實上被制定且具有社會實效。

（3）遵守憲法 V 是法律的要求。[18]

在法理論中幾乎沒有哪一個觀念像基本規範一樣引起如此多的爭議。關於基本規範的爭議集中於四點：基本規範的必要性、可能性、內容與地位。

(2) 基本規範的必要性

哈特反對基本規範的必要性，他認為，基本規範導致了不必要的重複：

「如果一個規定各種法源的憲法在這個意義下是活生生的現實，即體系中的法院與官員都依據它所提供的判準來鑑別法律，那麼這個憲法就是被接受且實際存在的。認爲有一條額外的規則要求憲法（或「制定」憲法者）應被服從，這個說法似乎是不必要的重複。」[19]

這個反對的力道在於，它並非將基本規範適用到像是意志表述、行爲規律、強制措施等事物，並藉助基本規範將它們解釋爲法律上有效的憲法，而是直接針對踐行憲法的制度性事實。依此，下面這個命題可以作爲證成「法律上應該」的唯一前提：

（2'）法律體系 S 的參與者接受並踐行憲法 V。

問題在於，是否能由此導出基本規範三段論的結論：

（3）遵守憲法 V 是法律的要求。

答案是肯定的，如果將（3）詮釋爲：

（3"）從法律體系 S 參與者的觀點來看，這是成立的：遵守憲法 V 是法律的要求。

由（2'）可推得（3"），因爲法律體系的參與者接受並踐行一部憲法這個事實，就表示從他們的觀點來看遵守這部憲法是法律的要求。但這就證明了基本規範是多餘的嗎？羅斯（Alf Ross）曾說：

「但是這條規範本身依其直接的內容就表述了什麼是個人應該去作的事情。那麼，說『個人應該去作他所應該作的事情』的意思是什麼！」[20]

羅斯這段話是對的嗎？答案是否定的，基本規範並不會成爲多餘的。關鍵點在於，雖然毋需基本規範就能從（2'）推論到（3"），但（2'）本身就預設了基本規範。法律體系的參與者接受並踐行一部憲法，預設了他們每個人都將特定的事實詮釋爲創設憲法的事實，這可能是相當複雜的一串事實，這些各式各樣的事實在此將被化約爲兩件事：第一，制憲會議通過了一部憲法；第二，法律體系的參與者接受並踐行這部憲法。現在假設法律體系 S 有某個參與者，他接受並且踐行憲法 V。這個參與者被問道：爲什麼憲法 V 是法律上有效的？這個問題還包括了：爲什麼遵守憲法V是法律的要求？

這個參與者或許可以試圖藉由主張這個問題是無意義的，來迴避這個問題。爲此他可能會像哈特一樣主張：那些告訴我們什麼是有效法律的憲法規則（哈特將其統稱爲「承認規則」），其本身就不能再被說是法律上有效的。這些規則是被假定爲存在的，並且其存在乃是一個事實問題（a matter of fact）。[21]對此的回應是：追問憲法的法律效力問題是常見且可能的。如果一個法官對於「爲什麼他遵守憲法」這個問題的答案是：「我並不是因爲憲法是法律上有效的所以才遵守，而完全是因爲我的同行和我都接受並踐行這部憲法。這是一個事實問題，沒什麼好多說的。」這樣的答案聽來是怪異而做作的。因此要假設，這個參與者不會將憲法的法律效力問題當作是無意義的問題來打發掉。他的回答可能是：

（2''）憲法V是由制憲會議所通過，並且被法律體系的其他參與者所接受並踐行。

這個命題不過就是具體化了凱爾森基本規範三段論的第二個前提：

（2）憲法V是事實上被制定且具有社會實效。

單從（2）既無法推得：

（3'）憲法 V 是法律上有效的。

也不能推得：

（3）遵守憲法 V 是法律的要求。

要從（2）或（2"）得到（3'）或（3），必須預設像（1）這樣的基本規範。之所以難以單從（2）或（2"）得出（3'）或（3），就像光從下面這個命題：

（4）彼得要我給他一百馬克。

無法推論出：

（5）我有義務給彼得一百馬克。

在第一個情況中，要使得從（2）或（2"）推論到（3'）或（3）成爲可能，需要上述的基本規範。在第二個情況中，要從（4）推論到（5），則需要下面這個規範：

（6）我有義務去作彼得要我作的事。

即使制定規範者不只是表述其意志，而是明白表述了一條規範，在此也沒有不必要的重複。假設彼得基於他自己的權威——也就是說，並非訴諸法律、道德或社會成規——向我表示我有義務給他一百馬克。單從：

（4'）彼得對我說：「你有義務給我一百馬克」。

仍無法推論出：

（5）我有義務給彼得一百馬克。

倘若可以這麼推論的話，單憑語詞就足以對於任何人證立任何義務了。要從（4'）得出（5），像下面這樣的規範是必需的：

（6'）我有義務去作彼得說我有義務去作的事。

這是重複，但並非不必要的重複。

因此結論是確立兩個命題。第一個命題是說，如果一個法律體系的參與者要說憲法是法律上有效的，或者遵守憲法是法律的要求，他就必須預設基本規範。第二個命題是說，如果對於法律效力的追問不能恣意地中斷，那麼參與者就必須有可能說「憲法是法律上有效的」或「遵守憲法是法律的要求」，而這就預設了基本規範。

(3) 基本規範的可能性

基本規範的反對者不只可以提出剛才被反駁的主張，即基本規範是多餘的，他還可以反對說，基本規範的效力或存在是不可能的。德沃金（Dworkin）在反對哈特的基本規範（承認規則）時就主張：法律無法依據一條著眼於權威制定性與社會實效性的規則來加以鑑別。[22]這個反對意見符合前述的原則論據；[23]按照原則論據，法律還包括了爲實現必然聯結於法律的正確性宣稱所必須考慮的整體準則。這些準則的確無法完全依據一條著眼於權威制定性與社會實效性的規則來鑑別。

然而，原則論據並不排除基本規範的可能性，它只是指出，僅著眼於經驗可確定事實（制定性／實效性）的基本規範無法完全地鑑別法律，這樣的基本規範所能夠鑑別的，只是權威制定且具有社會實效的法律。因此，基本規範可以詮釋爲，權威的制定性以及社會的實效性只是屬於法律的充分條件，但並非必要條件。因此，根據原則論據下面這個命題並不成立：

（1）**凡是**權威制定且具有社會實效者都屬於法律，**也只有**權威制定且具有社會實效者才屬於法律。

成立的是下面這個較弱的命題：

（2）凡是權威制定且具有社會實效者都屬於法律。

正如以下（譯按：「(4)基本規範的內容」）要指出的，如果要納入不正義論據，即便這個命題也還必須再弱化。[24]然而，在命題（2）的架構內，爲了要能夠從經驗上可確定的事實推論到法律效力，基本規範不只是可能的，而且是必要的。

一條限縮於權威制定且具有社會實效的法律的基本規範，其缺點在於，它不是完備的鑑別法律最高判準。這個缺陷可以用一個不完全的、仍只是有限的方式來彌補。爲了達到這個目的，必須將不正義論據與原則論據的條款嵌入基本規範。在此只關注原則論據。如果將原則論據的結果納入基本規範，就會產生一條非實證主義的基本規範，它具有如下的結構：

如果一部憲法是事實上被制定且具有社會實效，那麼以符合正確性宣稱的方式遵守這部憲法就是法律的要求。

這個表述顯示了，非實證主義的基本規範仍只能有限地鑑別法律。「以符合正確性宣稱的方式」這個條款指向了某些道德準則，卻沒有列舉出這些道德準則，也沒有提出一個可以明確鑑別這些道德準則的判準。這個開放性是不可避免的，它之所以可接受，只因爲有法學方法的規則排除由開放走向恣意。[25]尤其是這些規則防止了以訴諸正確性宣稱來任意壓制那些被制定且具有實效的規範。[26]法學方法的規則必須要作到這一點，因爲法安定性是法律正確性的本質要素之一。

(4) 基本規範的內容

根據凱爾森，基本規範是完全內容中立的：

「這部憲法以及在其基礎上所建立的國家法秩序具有什麼樣的內容、這個秩序的公正與否，乃至這個法秩序實際上是否在其所構成的社會中保障了相對的和平狀態，這些都不是問題。在預設基本規範時，並沒有肯定任何超越實證法的價值。」[27]「因此，法律可以有任何的內容。」[28]

這牴觸了不正義論據。根據不正義論據，極端不正義的規範不可能具有法律規範的性質。[29]不過，基本規範的觀念並不會因此被拖垮。基本規範的表述可以嵌入一條考量到不正義論據的條款。一個既符合原則論據也符合不正義論據的基本規範表述是：

> 如果一部憲法是事實上被制定且具有社會實效，那麼只要這部憲法的規範並非極端不正義的，以符合正確性宣稱的方式遵守這部憲法就是法律的要求。

這個表述並不只適用於憲法。在本書最後一章提出法律的定義時會再處理依憲法所制定的規範。

(5) 基本規範的地位與任務

A. 任務

基本規範必須達到三個完全不同的任務，這造成了定位基本規範的困難。

a. 範疇轉換

基本規範的第一個任務在於，使得從實然過渡到應然成爲可能。實然與應然是兩個完全不同的範疇。因此第一個任務可稱為「**範疇轉換**」。[30]藉由將特定的事實解釋為創設法律的事實，就邁向了法律領域。

b. 確立判準

倘若基本規範容許將任何事實——比方說，每個實際出現的意志表述——都解釋為創設法律的事實，就仍無法邁入法律領域。因此基本規範負有第二個任務，它必須確定要將哪些事實視為創設法律的事實，藉此它就確立了「什麼是法律」的判準。基本規範的第二個任務因此可稱為「**確立判準**」。如前所述，凱爾森的判準是「一部事實上被制定且大體上具有實效的憲法」[31]，另一個版本則是「歷史上第一部國家憲法」[32]。這些判準所包含的指示就是：關於什麼是有效法律的判準就是憲法的判準。因此凱爾森可以將其基本規範表述得一來相當簡潔，二來可適用於所有已發展的法律體系。相反地，在哈特的理論中，他將基本規範（承認規則）等同於述說法律是什麼的憲法規則，由此哈特的基本規範變得相當複雜而且只適用於各自的法律體系，它的一般性僅僅在於，每一個已發展的法律體系都必定擁有像是承認規則這樣的規範。凱爾森與哈特的判準都是實證主義式的。如前所述，不正義論據要求對實證主義式的判準作出限制，原則論據則要求對其加以補充。

c. 建立統一性

基本規範的第三個任務在於**建立統一性**：

「所有其效力皆可溯自同一條基本規範的規範就形成了一個規範體系，即一個規範性秩序。對於所有屬於同一個秩序的規範，基本規範是其效力的共同來源，即它們共同的效力根據。一條特定的規範之所以屬於某個特定秩序，乃由於它最終的效力根據是這個秩序的基本規範。這條基本規範作爲所有屬於這個秩序之規範的效力根據，構成了眾多規範的統一性。」[33]

由此可以看出一個問題：每個已發展的法律體系的基本規範，其內容與地位都是相同的。是同一條基本規範建立了各個不同法律體系的統一性嗎？這如何可能？或者統一性是由憲法所造成的？這個問題得暫且擱置。

B. **地位**

基本規範的地位問題主要涉及它的第一個任務：範疇轉換。作爲證立所有實證法效力的規範，基本規範就不能又是一條實證法的規範。[34] 那它是什麼樣的規範呢？有人或許會認爲，它只可能是非實證的規範，而作爲非實證的規範它就必定是自然法或理性法的規範。但凱爾森堅決地反對這一點。[35] 如果基本規範既不是實證法的規範也不是超實證法的，即自然法或理性法的規範，那麼它該是什麼呢？

不只從無止境的文獻，而且從凱爾森自己到晚年對此仍有所疑問，就可以看出這不是個簡單的問題。[36] 凱爾森對這個問題最著名的回答見於《純粹法學》（Reine Rechtslehre）第二版（一九六〇）。在這本書中基本規範的地位是透過四個性質來界定的。

a. 必然預設

第一個性質是，如果要談論法律效力或者法律的應然，就必須**必然地預設**基本規範。[37] 在討論基本規範的概念時已經清楚顯示了，這個命題就此而言是正確的：如果要從「某件事情是被制定且具有實效」這個斷定，過渡到「某件事情是法律上有效或者法律上應該作的」這個斷定，就必須預設**某條**基本規範。然而，在討論基本規範的可能性與內容時指出了，這個基本規範雖然必須包含凱爾森式的要素，但它仍要透過非實證主義的要素予以補充。

由於基本規範是認識法律效力與法律應然之所以可能的必要條件，因此凱爾森借用康德式的術語，將其基本規範稱爲法律認識的「先驗邏輯預設」（transzendental-logische Voraussetzung）。按照康德，「先驗的」就是使得經驗認識成爲可能所必要的，[38]就此而論凱爾森的刻畫是正確的。然而，所謂「先驗的」在凱爾森與康德之間有一個重大差異，它顯現於基本規範的第二個性質。

b. 可能預設

基本規範的第二個性質在於，**倘若**要將法律解釋爲應然秩序，雖然必須必然地預設基本規範，但這個解釋本身只是一種**可能的解釋**。[39]正如社會學與心理學的法理論所證明的，有可能將法律描述或說明爲單純的社會與/或心理作用聯結，[40]雖然這種作法對於許多目標而言並不是很有成效。[41]凱爾森自己也強調這一點。他指出，對於法律，除了法學的解釋之外還有將法律理解爲「權力關係」體系的社會學解釋。[42]因此可以說，基本規範只是一個可能的或假設性的必然預設。

這對於基本規範的先驗特性有所影響。[43]根據康德，在經驗的領域中，比方說，除了空間與時間的直觀形式外，沒有替代的選擇。依此，經驗認識只有在空間與時間中才有可能。[44]相反地，對於法律現象的認識基本上仍有可能不運用應然的範疇。然而，這並不會完全揚棄凱爾森的論證所具有的先驗特性。雖然他的論證無法證明基本規範乃至「應然」這個範疇的無條件必然性，但仍可證明某種有條件的必然性。法學觀點或者法律體系的參與者觀點是由此來定義的：在這個觀點下，法律被解釋為一個有效的規範體系或者應然秩序。雖然一個人可以不只在行動中、甚至在思想上拒絕參與一個（完全真實的）法律遊戲，但如果他要進入這個遊戲，並且有良好的理由至少在實踐中這麼作，那麼除了「應然」這個範疇以及基本規範之外就沒有其他選擇的可能。凱爾森的論證因此可稱為「弱的先驗論證」。它顯示了，引入「應然」這個範疇的基本規範（未必是凱爾森式的）是法律領域的關鍵。

c. 想像的規範

凱爾森式基本規範的第三個性質在於，他認為基本規範只是一條**想像的**規範。[45]它必須是如此，因為倘若基本規範是表達某人意志的規範，由於單從意欲不能導出應然，就必須預設另外一條規範將這個意志的內容先轉換為應然的內容。倘若如此，基本規範就不會是基本規範了。

基本規範的第一及第二個性質可以被接受，但這裡就出現問題了。第一個問題是「想像的規範」這個概念。凱爾森在他晚年的著作中撤回了基本規範只是「思想行爲的內容」[46]這個主張。[47]他認爲「沒有無意欲的『應該』」[48]，因此「伴隨著想像的基本規範也必須同時設想一個假想的權威……其——擬制的——意志行爲的意義就是基本規範」[49]。凱爾森自己將這個想法稱作「本身就是自我矛盾」，因爲按照這個想法，最高的權威是由一個更高的——雖然只是擬制的——權威所授權的，[50]但這意謂著，這個最高的權威其實並不是最高權威，還必須再擬制另外一條基本規範，它授權這個擬制的權威去制定基本規範，這樣一來原本的基本規範就失去其基本規範的特性，二來由於另外一條基本規範也只能夠是意志行爲的內容，因此必須永無止盡地再預設其他的擬制權威以及授予其權力的擬制基本規範。凱爾森的主張，即這涉及「眞正的擬制」以及此種擬制的特性就在於自我矛盾[51]，其實並未解決問題。

如果放棄「每個『應該』都必定可化爲意欲」這個想法，就可以解決這個問題。有良好的理由支持這麼作。雖然「應該」經常聯結於意欲，但也有無意欲的「應該」。例如某個人可能基於公平或正義的考量認爲他在道德上有義務不逃稅，但他又同時想要逃稅，因而他沒有依照自己關於道德上應該作什麼的判斷而行動。如果「對於應然的認識並不必然聯結於自身或他人的意志行爲」這個主張是對的，[52]那麼「基本規範只是一條想像的規範」這個想法並不會造成困難。

第二個問題是想像的基本規範之規範性或規定性。凱爾森將想像的基本規範表述爲關於一個人應該作什麼的陳述：「應該依憲法的規定行事。」[53]這只是問題的一面；另一面在於，按照凱爾森的看法，法學——當它依據這條基本規範來認識法律——並不能規定任何事情：「它並未規定一個人應該服從制憲者的命令。」[54]法學家在表述「什麼是法律上應該的」的語句時，一方面必須預設：「應該依憲法、從而也依法律的規定行事」；另一方面，藉由表述這樣的語句，他卻未規定應該遵守憲法從而也應該遵守法律，這如何可能？解決之道在於規定的概念。當一個人 a 要求另一個人 b 去作某件事，a 就規定了 b 某件事。根據凱爾森，法學家作爲法學家，他並不要求任何人應該遵守憲法且因此應該遵守法律。作爲法學家，他可以毫不遲疑地告知關於法律義務的資訊；但作爲一個人，他同時可以要求基於道德的理由不要去服從法律義務。這導致法律的規範性具有假言或相對的特性。一個告知法律義務的法學家並不是在說：「你應該去作 h 這個行爲。」他所告知的毋寧是說：「如果你站在法律的觀點，你有義務去作 h 這個行爲。」要能夠這麼說、也只爲了能夠這麼說，凱爾森式的基本規範——「應該依憲法的規定行事」——是必要的。因此法學家事實上並不規定任何事情。是否要站在法律觀點，是留給其表述的對象基於各式各樣的考量來決定的，尤其並沒有規定這個對象非得站在法律觀點不可。這對於法律所採取的是一種完全超然的態度。只有對於參與法律遊戲者——不論他是出於什麼樣的理由而參與——才有法律義務的存在；對於那些不參與法律遊戲者，就只存在著遭受強制行爲的風險而已。就此而言，法律並不賦予任何義務。這樣的解釋是可能的，並不成問題，問題只在於它是否恰當。

法律規範性的假言或相對特性，在凱爾森多處筆下只有相當不完整的表述。例如，凱爾森認爲基本規範三段論的結論是：應該以特定的方式行事。[55]這讓人以爲，彷彿基本規範導向一個獨立於任何觀點的定言義務，這會造成錯誤的詮釋，即認爲凱爾森藉由其基本規範證立了遵守任何法律規範的普遍義務。因此，在基本規範的脈絡中，說「法律上應該」要比單純說「應該」來得好。不過，凱爾森對於這個「應該」的詮釋是否適當，仍是個懸而未決的問題。

d. 不可證立性

凱爾森認爲基本規範的第四個性質在於它**無法被證立**：「不能再去追問其效力的根

據。」[56]這個命題乍看之下是合理的。基本規範之所以爲基本規範就在於它是最高的規範。倘若基本規範還需要被證立，就必須預設一條更高的規範，但如此一來基本規範就不再是最高的規範，也因此就不再是基本規範了。不過，進一步來看，這個論點可以輕而易舉地被駁倒。在此所談的基本規範只是法律的基本規範，作爲法律的最高規範，它的確無法再被另外一條法律規範所證立。但這並不排除，它可以藉由其他種類的規範或規範觀點——例如道德規範或合目的性的考量——來證立。凱爾森可能會反對說：倘若如此，這些其他的規範就會是法律的基本規範，或者這些考量必須轉化爲法律的基本規範。然而，並不必然如此。可以說，藉助基本規範就邁出了通往法律領域的一步，並且有道德的或其他非法律的理由支持邁出這一步。

要看出凱爾森「不能再追問基本規範的效力」[57]這個主張是不正確的，只需要問道：爲什麼應該將每個整體而言具有實效的強制秩序解釋爲法律秩序？凱爾森是對的，當他說：僅當預設其基本規範，才能將每個整體而言具有實效的強制秩序解釋爲法律秩序。但爲什麼非得將每個整體而言具有實效的強制秩序解釋爲法律秩序呢？指出基本規範並不足以作爲論證，因爲預設基本規範的意思正是將每個整體而言具有實效的強制秩序解釋爲法律秩序。由於解釋爲法律秩序和預設基本規範是一體兩面，因此兩者不能互爲證成。

對於「爲什麼應該將每個整體而言具有實效的強制秩序解釋爲法律秩序，亦即爲什麼應該預設凱爾森式的基本規範？」這個問題有相當不同的回答。第一種回答是，這完全是個決定或決斷的問題。然而這並不是一個論證。第二種回答是，這是個合目的性的作法。倘若個人與集體（例如國家）採取這種解釋，他們將能夠更好地指引自己的行爲並且更成功地採取行動。第三種回答是，基於道德理由——例如避免內戰——需要基本規範。在此關鍵的問題仍然是，最佳的道德證成是否的確會導出凱爾森版本的基本規範。在批評法實證主義時所討論的不正義論據顯示了，有良好的道德理由不將所有權威制定且具有實效者皆賦予其法律性質，而原則論據也得出這樣的結論：並不是只有權威制定且具有實效的才是法律。在討論康德式的基本規範時還會再回到這一點。第四種回答是，凱爾森的基本規範表明了法學實踐得以成立的基礎。這是一種經驗重構的論證。凱爾森所說的：「它（譯按：基本規範）只是將所有法律人——大多是無意識地——所作的，提昇到有意識的層次」接近於這種論證；但當他補充說：「如果他們將法律完全理解爲實證法的話」[58]，就又馬上背離這個論證了。法律人是否將法律完全理解爲實證法，這是個經驗問題，但凱爾森並沒有處理這個問題。因此他的命題「如果法律人完全以實證主義的方式來理解法律的話，基本規範就只是將法律人所作的提昇到有意識的層次」並不是一個經驗主張，它不是對於法學實踐的經驗重構，而是闡明或定義了法實證主義的觀點。不只這個觀點的正確性是個有待解決的問題，就連它是否正確地重述了實際所進行的法學實踐，也是個未被關注的問題。

凱爾森的基本規範理論可以總結如下：凱爾森是對的，當他說：如果要從「某件事情是被制定且具有實效」這個斷定，過渡到「某件事情是法律上有效或者法律上應該作的」這個斷定，就必須預設基本規範。但是這條基本規範不一定就具有凱爾森式基本規範的內容，它可以包含考量到不正義論據的道德要素。此外要同意凱爾森的是，雖然要將法律解釋爲應然秩序就必須必然地預設基本規範，但是不一定要採取這種解釋。因此，基本規範只具有弱的先驗特性。最後這一點也是正確的：基本規範只是一條想像的規範。然而，凱爾森主張基本規範是不能被證立的，這一點並不正確。相反地，基本規範是需要被證立的。這就導向了規範性基本規範的問題。

2. 規範性的基本規範（康德）

康德並沒有談到「基本規範」，與凱爾森不同，這也不是康德法律哲學的核心。儘管如此，在康德的學說中基本規範的觀念仍被清楚地表述如下：

「因此可以想像一個外在的立法，它只包含實證法；但必須先有一條證成立法者權威（亦即單憑其意欲而拘束他人的權力）的自然法則。」[59]

由此就指出了基本規範的本質性質：基本規範是一條先於實證法的規範，它證成了立法者頒布這些實證法的權力，從而證成了它們的效力。與凱爾森關鍵的不同在於，康德的基本規範不只是認識論上的預設，而是一條「自然法則」（natürliches Gesetz）。根據康德，自然法則乃是「即便沒有外在立法也能透過理性來先天地認識其拘束力」[60]的法則。康德的基本規範因此乃是理性法或者——用較舊的術語來說——自然法的規範，[61]它是對於實證法效力之理性法或自然法的證立。這樣的證立所導出的結果與凱爾森理論中法律所具有的道德超然特性完全相反，它得出了服從法律的道德義務。

康德的基本規範理論深植於其法律哲學的脈絡中，而康德的法律哲學與其道德哲學緊密相聯。[62]不論是康德的法律哲學或道德哲學，在此都無法給予入門式的闡述，而只能夠著眼於康德提出其基本規範的理由及其內容。

康德對其基本規範的證成是他證成實證法之必要性的一部分。這種證成立足於社會契約論的傳統。這種理論的構成特徵在於區分自然狀態與法律狀態或國家狀態——康德將後者稱爲「公民」狀態。各種社會契約論的不同之處主要來自於對自然狀態的詮釋。根據康德，在自然狀態中就已存在著透過理性所證成的權利，但這些權利卻不能在自然狀態中獲得確保。因此，爲了確保這些權利，從自然狀態過渡到公民或國家狀態是理性的要求：

「先天就存在於這種（非法律的）狀態之理性觀念當中的是：在達到公共的制定法狀態之前，個別的人們、民族與國家都不可能免於彼此暴力相向，因爲每個人都有權利去作他認爲對的與好的行爲，而不管他人的意見如何。因此如果他不想棄絕所有的法律概念，他所必須決定的第一件事就是這個原則：必須脫離每個人各憑己意行事的自然狀態，而與所有其他人（一個人不可能避免與他人進行互動）聯合起來，將自己從屬於公共制定法的外在強制，也就是必須進入這樣的狀態：在這個狀態中，什麼是每個人所應擁有的，是由法律來規定的，並且是透過有效的權力（這不是他自己的權力，而是外在的權力）來分配給他的。易言之，最重要的就是他應該進入公民狀態。」[63]

有人可能認爲，這個對於實證法必要性的證成，導致了實證法所要確保的自然權利將以某種方式被安置於基本規範當中。然而並非如此。康德的基本規範完全是以法安定性與法律和平爲導向的。雖然實證法的效力是由基本規範所賦予，但就像凱爾森的基本規範，實證法的內容對於康德的基本規範是無關緊要的。這一點清楚地顯示於，當康德將其基本規範表述爲一條「實踐理性原則」，它要求「應當服從現存的立法權力，不論其來源爲何」[64]。這導致了實證法絕對優先於理性法，而此種絕對優先性是由理性法所證成。這從康德對於抵抗權以及法學家任務的闡述可以最清楚地看出。康德否定抵抗權的存在：

「因此，人民不能合法地反抗國家最高的立法權力，因爲只有從屬於其普遍立法的意志，才可能有法律狀態。」[65]

關於法學家的任務則是：

「熟稔文本的法學家不是在其理性，而是在公共制定且由最高權威批准的法典中，去尋求確保『我所擁有者』與『你所擁有者』的法律（如果他像——也應當像——公務員一樣行事）。不可能合理地期待他去證明這些法律之爲眞與正當性，也無法合理地期待他在面對理性所提出的反駁時爲這些法律而辯護。因爲是法令首先使得某事成爲正當的，此時若去追問法令本身是否也可能是正當的，必定會被法學家直斥爲荒唐。對於一個外在且最高的權威，由於其據稱與理性不符就拒絕服從之，乃是無稽之談。因爲政府的威望就在於，它不讓其臣民自由地依照自己的想法，而是要按照立法權力的規定去判斷何爲正當、何爲不正當。」[66]

康德以理性法來證成實證法絕對優先於理性法，這點一再受到批評。[67]這個批評可以在康德的論點中找到依據，這些論點與實證法——即便是極端不正義的實證法——絕對優先於理性法是不相容或難以相容的。例如，康德斥責純粹經驗導向的法律學者：

「什麼是合法的（quid sit iuris），亦即在特定時地下制定法說了什麼，他（譯按：純粹經驗導向的法律學者）或許還能予以陳述，但他仍不明瞭，制定法所要求的是否即爲正當，以及什麼是據以認識究竟何爲正當、何爲不正當的普遍判準……純粹的經驗法學（就像斐德若篇的寓言中那顆木頭一樣）是一顆或許美麗，可惜缺乏腦袋的頭顱。」[68]

這與之前所引述康德的觀點要如何相容：即追問國家法律的正確性或正義必定「會被

法學家直斥爲荒唐」？[69] 康德的「每個公共制定法之正當性的試金石」也引起了對康德理論之內在融貫性的疑慮，它說的是：

「凡是人民不能爲自己作出決定的，立法者也不能爲人民作決定。」[70]

難道這個判準——即便在暴君恣意的情況下——眞的完全不能限縮服從制定法的義務嗎？法安定性與法律和平眞的必然要求遵守每一條國家的制定法，即便它是極端不正義的、完全蔑視康德所說的「每個人由於其作爲人所擁有的唯一、原初的權利」[71]——即自由的權利？在討論不正義論據時已指出了，實證法的這種無限優先性必須予以駁斥，極端不正義的制定法必須否認其法律性質。[72]

對於評估康德的基本規範，這意謂著什麼？有兩個可能性可供選擇。選擇第一種可能性的人認爲，康德的基本規範最符合康德的基本原則，如此一來，就必須根據外在於康德體系的觀點來批評其基本規範。選擇第二種可能性的人則認爲，康德的基本規範並非其基本原則的必然結論，也不是最佳結論。這個命題可以聯結於下面這個主張：比起康德自己所提出的嚴格版本，透過像是賴德布魯赫公式的判準，來限制康德的基本規範所要求的服從義務，會更符合康德的體系。這符合一種理論詮釋的洞見：即便是偉大的哲學家也未必始終由其基本原則得出正確的結論。要採取哪一種可能性，在此無法以必要的仔細程度去闡述，因此只能作出這樣的推測：康德對其基本規範的嚴格表述，並不是由其體系所必然推得的結論，而是屈從於受其時代侷限的專制國家想法。[73]如果這個推測正確，康德的基本規範就必須按照不正義論據來予以修正；如果這個推測不正確，那麼康德立基於理性法的基本規範，就其效果而言，比凱爾森的基本規範更爲實證主義式。凱爾森的基本規範說的只是：如果有人想這麼作的話，他可以將每條被制定且具有實效的規範解釋爲法律上有效的規範，而不會由此產生任何道德義務。相反地，康德的基本規範——如果不對其加以限制的話——所說的是：不論一個人是否想要這麼作，都必須將每條被制定且具有實效的規範解釋爲法律上有效的規範，此外還負有道德義務去服從每一條這種規範。這種立基於道德的激進實證主義，比起凱爾森的懷疑式認識論版本更難以令人接受。

3.經驗性的基本規範（哈特）

對於哈特式基本規範的批評基本上已在討論凱爾森的基本規範理論時談過了。由於哈特式基本規範在文獻中具有重要地位，以及它是除了康德式的基本規範以外，有別於凱爾森式基本規範最重要的替代方案，因此仍然必須在體系上給予同等地位的闡述。

哈特不將他的基本規範稱爲「基本規範」（basic norm），而稱爲「承認規則」（rule of recognition）。哈特坦承，他的承認規則理論在某些方面類似於凱爾森基本規範的想法。[74] 哈特之所以使用不同的術語，主要是由於他的基本規範具有不同的地位。[75]

哈特的承認規則與凱爾森的基本規範之間有若合符節之處是一目瞭然的。承認規則包含了將規則（哈特不說「規範」，而是說「規則」）鑑別爲有效法律的判準。[76] 承認規則是法律體系的終極規則（ultimate rule）。[77] 就其本身而論，承認規則包含了法律體系中除了它自身以外所有其他規則的效力判準與根據。[78] 就像凱爾森的基本規範一樣，如果在法律體系的階層構造中一直不斷追問效力的根據，最終就會抵達哈特的承認規則。哈特藉由一個例子展示對於效力根據的最終答案，並由此表述了貼切於此例的承認規則：「女王在國會所制定者即是法律。」[79]

不過，承認規則和基本規範的差異也同樣清楚可見。最重要的差別在於，承認規則是否存在及其內容爲何是個經驗問題：[80]

「承認規則僅存在於法院、政府官員和一般人民援引特定判準以鑑別法律這個複雜但通常一致的實踐當中。承認規則的存在是個事實問題。」[81]

這就是爲什麼我們只能說承認規則存在，而不能說承認規則有效的原因。承認規則雖然是所有其他規則的效力判準，但作爲最高的效力判準，它本身不能夠又是有效的。[82]承認規則的存在，**展現**於法律體系的參與者如何將規則鑑別爲有效法律的方式。[83]

乍看之下，這是對於基本規範問題一個迷人的簡單解決方案。然而，在討論凱爾森的基本規範時已經清楚指出，這是一個過分簡單的解決方案。哈特從展現於法律實踐中對於承認規則的接受，推論到承認規則的存在，然後運用承認規則的存在作爲所有其他法律規則的效力根據。關鍵的問題在於接受的概念。接受一條在共同實踐中所表述的規則，意謂著從這個實踐存在的事實，過渡到應該遵循這個實踐的結論。凱爾森式基本規範理論的優點就在於，讓這個從實然到應然的過渡，不再隱藏於像接受以及實踐存在這些概念的背後，而是將其揭示成爲討論的主題。經驗性的基本規範理論終究不會成功，因爲它無法妥當處理每一個基本規範理論的根本問題，即從實然過渡到應然的問題。[84]

第四章 定義

現在要將之前的論述總結為一個定義：

法律是一個規範體系，它（1）提出正確性宣稱；（2）是由下列這些規範全體所組成，即一部大體上具有社會實效且非極端不正義之憲法所包含的規範，以及依據該憲法所制定、展現最低限度的社會實效或實效可能性、且非極端不正義的規範；（3）它還包含了法律適用程序為了實現正確性宣稱所依據且/或必須依據的原則以及其他規範論據。

這是個參與者觀點下的法律定義[1]，因此是個法學的法律定義。所定義的法概念包含了效力的概念。[2]定義的三個部分分別對應於正確性論據、不正義論據、原則論據。這個定義的第一部分包含了正確性宣稱這個定義要素。[3]既未明示也未默示提出正確性宣稱的規範體系即非法律體系。[4]就此而言，正確性宣稱具有區分性的意義。[5]但這沒有多大的實際效果，因為實際存在的法律體系通常都會提出正確性宣稱，無論這個宣稱的證成是多麼薄弱。從實踐的觀點來看，更重要的是正確性宣稱的品質性意義[6]，這個意義在於：光是未實現正確性宣稱，並不會使得法律體系與個別法律規範喪失法律性質或法律效力，但會使其在法律上有瑕疵。[7]這就表述了法律必然具有理想的面向。

這個定義的第二部分界定了權威制定性、社會實效性與內容正確性這三個典型定義要素之間的關係。它是在兩個層面上進行的：憲法的層面以及依據憲法所制定之規範的層面。這顯示了這個定義的適用範圍是有限的，它只適用於展現了階層結構的已發展法律體系。對於未發展的法律體系可能需要作出一個簡化版的定義，但在此不處理這個問題。

一部憲法具有效力的前提在於，它大體上具有社會實效。這個公式涉及了整個法律體系的社會效力，因爲一部憲法大體上具有社會實效，僅當依據這部憲法所制定的整個法律體系整體而言具有社會實效。[8]整體而言具有社會實效這個概念，還包含了在諸多法律的定義中所稱的「強制性」與「優越於相競逐的規範體系」這兩個要素。這個概念之所以包含「強制性」這個要素，是因爲一條規範的社會實效就在於，它被遵守或者不遵守時會受到制裁，並且對於不遵守法律規範的制裁包含了物理強制力的運用，這在已發展的法律體系中是由國家所行使。[9]整體而言具有社會實效這個概念之所以包括「優越於相競逐的規範體系」這個要素，則是因爲一個規範體系如果相對於其他強制秩序不是被普遍接受的，它就不是整體而言具有社會實效。[10]

目前爲止關於憲法效力的說明，亦即定義的第二部分之第一層面所說的，也適用於實證主義的法概念。定義的這個部分所具有的非實證主義特徵則在於，「大體上具有社會實效的憲法」這個判準，受到「極端不正義」這個負面的定義要素所限制。作這樣限制的理由在於不正義論據。[11]但要強調的是，和大體上具有社會實效不同，極端不正義這個要素不是適用於憲法整體，而是適用於個別的憲法規範。[12] 這表示了，整個法律體系的法律效力較多地依賴於社會的效力而不是道德的效力。[13]

定義的第二部分之第二層面涉及了依據憲法所制定的個別規範。這個層面是必要的，因為和法律體系不同，對於個別規範而言，大體上具有社會實效並非其具有法律效力的條件。在一個具有階層結構的法律體系中，取而代之的是依據大體上具有社會實效的憲法之權威制定性判準。[14] 對於這個判準有兩個限制。權威制定的規範如果沒有展現最低限度的社會實效或實效可能性，並且／或者是極端不正義的，就失去其法律效力。[15] 後者再度表現了此處提出之法概念的非實證主義特徵。

雖然定義的第二部分藉由極端不正義這個特徵限縮了實證主義的法概念，但它的第三部分卻藉由將法律適用程序納入法律的概念當中[16] 而拓展了法概念的外延，即什麼屬於法律。[17] 凡是適用法律者在法律的開放領域中為了實現正確性宣稱所依據且／或必須依據者，都屬於法律。因此原則——即便它不能根據憲法的效力判準被鑑別為法律原則——以及其他證成判決的規範性論據都會成為法律的組成部分。「所依據且／或必須依據」這個條款表述了法律適用的現實面向與理想面向。法律適用者的判決實際上所依據的論據——即便其判決並不符合正確性宣稱——以及為了實現正確性宣稱所必須依據的論據，兩者都屬於法律。由此就有可能從法律的觀點來批評法律裁判的實務。

註釋

導　讀

＊ 本文原載於《台灣法學》，第一八三期，頁一四三－一五三（二〇一一年九月）。文字配合中譯本作了略微修改。

【1】參見如 Raz, The Argument from Injustice, or How Not to Reply to Legal Positivism, in G. Pavlakos (ed.), Law, Rights and Discourse. The Legal Philosophy of Robert Alexy, Oxford, 22 (2007).

【2】Alexy, *On The Concept and Nature of Law*, Ratio Juris 21, 285 (2008).

【3】這兩個判決分別是關於納粹德國剝奪猶太裔公民德國國籍的法令是否爲有效法律（BVerfGE 23, 98），以及德國聯邦最高法院是否得透過違反制定法的法律續造（contra-legem Rechtsfortbilding）來放寬請求慰撫金的限制（BVerfGE 34, 269）。

【4】Dworkin, Law's Empire, Cambridge Mass., 90(1986).

【5】阿列西認爲原則是一種最佳化命令（Optimierungsgebote），其適用方式是衡量，規則則是確定性的命令（definitive Gebote），其適用方式是涵攝（頁一一〇）。對於規則和原則的區分另參見 Alexy, A Theory of Constitutional Rights, Oxford, 44-69(2002).

【6】我對於阿列西的原則論證與必然安置命題的批評，請參見王鵬翔，反對安置命題，中研院法學期刊，第七期，二〇一〇年，頁一五三－一六七；Peng-Hsiang Wang, *Incorporation by Balancing? Critical Remarks on Alexy's Necessary Incorporation Thesis*, Rechtstheorie 41, 305-318(2010).

【7】Radbruch, Gesetzliches Unrecht und übergesetzliches Recht, in: ders., Rechtsphilosophie: Studienausgabe, Heidelberg, S. 216 (1999).

【8】阿列西本人對於圍牆射殺案的看法，見 Alexy, Mauerschützen. Zum Verhältnis von Recht, Moral und Strafbarkeit, Hamburg (1993); Der Beschluß des Bundesverfassungsgerichts zu den Tötungen an der innerdeutschen Grenze vom 24. Oktober 1996, Hamburg (1997).

【9】哈特對賴德布魯赫的批評見 H.L.A. Hart, Essays in Jurisprudence and Philosophy, Oxford, 72-78 (1983).

【10】Alexy, An Answer to Joseph Raz, in G. Pavlakos (ed.), Law, Rights and Discourse. The Legal Philosophy of Robert Alexy, Oxford, 51-52 (2007).

【11】Dworkin, Justice in Robes, Cambridge Mass., 1-5, 223-240 (2006).

【12】我自己的看法則請見王鵬翔，法概念與分離命題—論 Alexy 與 Raz 關於法實證主義之爭，中研院法學期刊，第五期，二〇〇九年，頁二二九—二八九。

第一章　法實證主義的問題

【1】在此只舉一例：色諾芬（Xenophon 1917: 16）轉述了阿爾喀比亞德（Alkibiades）對伯里克利（Perikles）問道：「那麼，如果一個掌握國家政權的暴君規定了公民應該作什麼，這也是一條法律嗎？」時至今日，倘若將「法律」理解爲「具有法效力」，對於這個問題仍有不同的答案。

【2】Kelsen 1960: 201.

【3】「合乎規定的制定性」（ordnungsgemäße Gesetztheit）與「權威的制定性」（autoritative Gesetztheit）這兩個術語可以但不一定要當作同義詞來使用。如果它們同樣指涉那些規定了制定規範權限的規範，即規定誰有權以何種方式來制定規範，它們就是被當作同義詞來使用。藉由確立合乎規定的制定性之判準，這些規範證立了制定規範的權威。在這個前提下，凡是合乎規定被制定的，就是權威制定的，反之亦然。相對地，如果「合乎規定的制定性」只指涉權限規範，而「權威的制定性」指涉的只是（或者也包括了）事實上的制定規範權力，這兩個術語就不是被當作同義詞來使用。在此只需指出有這樣的不同意義就夠了。由於作爲實效面向之一的權力要素可被歸屬於社會實效，因此在本書中將把「合乎規定的制定性」與「權威的制定性」這兩個術語當作同義詞來使用。（譯按：德文原文均用“ordnungsgemäße Gesetztheit”一詞，爲求簡潔及易於理解，除少數幾處行文外，原則上皆按照英譯本的作法將其譯爲「權威的制定性」）

【4】對此參見 Ott 1976: 33-98.

【5】見 R. Dreier 1991: 96.

【6】BVerfGE 23, 98 (106).

【7】參見如 BGHSt 2, 173 (174 ff.).

【8】BVerfGE 34, 269 (286 f.). 聯邦憲法法院在後來的裁判中，雖然多次對於法官違反制定法文義的法律續造表達更爲保留的態度，但仍然堅持原則上這是可允許的，見 BVerfGE 35, 263 (278 ff.); 37, 67 (81); 38, 386 (396 f.); 49, 304 (318 ff.); 65, 182 (190 ff.); 71, 354 (362 f.); 82, 6 (11 ff.).

【9】Koch/Rüßmann 1982: 255; 另參見 Müller 1986: 69 f. 民法第二五三條是前憲法的法律。按照聯

邦憲法法院的見解，民法第二五三條作爲前憲法的法律，僅當聯邦立法者「有意採納之」時（BVerfGE 64, 217 (220)），才能循具體規範審查的途徑來檢驗其合憲性。若非如此，民事法院本得以民法第二五三條牴觸基本法第二條第一項聯結於基本法第一條第一項爲由，宣告其部分違憲，如此一來，文義的障礙對其而言就不存在了。

【10】此處關注的只是實證主義的一個版本，即制定法實證主義。不過這個論點可以輕易地擴展到其他種類的實證主義。

第二章　法律的概念

【1】結合外在與內在面向的例子可見於 Ross 1958: 73 f.

【2】Weber 1976: 17。就其細節而言，韋伯的社會學法概念遠比這段引文所表述的更爲複雜，但就像其他的定義例子一樣，在此所關注的只是其基本觀念。對於韋伯的法概念更爲詳細的闡述參見 Loos 1970: 93 ff.

【3】Geiger 1987: 297.

【4】Holmes 1897: 460 f.; 對此參見 Summers 1982: 116 ff.

【5】Bierling 1894: 19.

【6】Luhmann 1972: 105.

【7】J. Austin 1885: 88.

【8】Ebd. 89.

【9】Ebd. 86 f.

【10】Ebd. 221.

【11】Kelsen 1960: 45 ff.

【12】Ebd. 219.

【13】見本書頁一三三以下。

【14】Kelsen 1960: 219.

【15】見本書頁一六二以下。

【16】Hart 1961: 107.

【17】Ebd. 104.

【18】可以想像第三類的論據，即經驗性論據。但進一步來看會發現，如果涉及分離命題或者聯結命題意義下對於法概念的定義，經驗性論據就成了分析性或規範性論據的組成部分。「一個不保護其任何成員之生命、自由與財產的法律體系不會長久有效」是一個經驗命題。但保護生命、自由與財產也是道德要求。因此可以說，對於法律體系的長久有效而言，滿足一定最低限度的道德要求是事實上所必要的。經驗論據就只能夠導出這一點，而不能導出更多。要由此過渡到一個法概念，還必須加入一個分析性論據：基於概念的理由只有長久有效的體系才是法律體系。相對地，加入規範性論據的例子像是，將「僅當法律具有特定內容才能達到特定的目標，例如生存」這個經驗命題，聯結於「這個目標應該被達成」這個規範性前提，以此作爲支持某種法律定義的論據。

【19】規範上的必然性要嚴格地與概念上的必然性相區分。某件事情是規範上必然的，就等於說它是被要求的。對於一個要求的效力可以予以否定而不會自我矛盾，但對於概念必然性的存在則無法如此。因此規範上的必然性顯然只是一種廣義的必然性。

【20】不列舉許多持此種觀點者，只參見 Ott 1976: 140 ff.

【21】Hoerster 1986: 2481.

【22】見 Alexy 1990: 11 ff.

【23】對此參見 H. Kantorowicz o. J.: 32 ff.

【24】對此參見 R. Dreier 1987: 374 f.

【25】關於法律體系作爲程序體系參見 Alexy 1981: 185 ff. 富勒區分「投入到法律創制活動中的有目的的努力，以及經由這種努力而實際出現的法律」（Fuller 1969: 193），可能近似於此處對於規範與程序的區分。（譯按：本段譯文引自鄭戈譯：富勒，《法律的道德性》，五南出版社，二〇一〇年，頁二五九。）

【26】Hoerster 1986: 2481.

【27】Hart 1961: 86 f.

【28】見 MacCormick 1978: 275 ff.

【29】見 Dreier 1991: 99。又稱之爲暴政論據、惡法（lex corrupta）論據、邪惡論據、極權論據。

【30】Radbruch 1973c: 345.

【31】BVerfGE 23, 98 (106).

【32】見 BVerfGE 3, 58 (119); 3, 225 (233); 6, 132 (198); 6, 309 (332); 6, 389 (414 f.); 54, 53 (67 f.); BGHZ 3, 94 (107); 23, 175 (181); BGHSt 2, 173 (177); 2, 234 (238 f.); 3, 357 (362 f.).

【33】意義的改變也適用於概念上必然或分析性爲眞者。關於什麼是概念上必然或分析性爲眞者取決於使用的論點，見 Hamlyn 1967: 108。

【34】Hoerster 1987: 187.

【35】然而，不能同意的是這個推而廣之的命題：凡是從「完全外在描述觀點」來看成立的，也適用於所有其他觀點（Hoerster 1987: 187 f.）。不同的觀點可以對應於不同的法概念，以下將指出它們也應該對應於不同的法概念。

【36】對此參見 Hart 1971: 46.

【37】Fuller 1969: 46 ff.

【38】Höffe 1987: 159, 170.

【39】Ebd. 169 ff.

【40】當凱爾森將「最低限度的集體安全」稱爲「相對長久實效的條件」（Kelsen 1960: 49 f.）而不是法概念的必然道德要素時，他所針對的就是事實上的關聯。

【41】連凱爾森也不會將此稱爲「一幫強盜」，由於在暴徒之間沒有禁止使用暴力的規定，因此他們不是一個共同體，所以也稱不上是「幫派」（Kelsen 1960: 48）。

【42】匪幫體系是運用奧古斯丁（Augustinus）的強盜集團論據以否認其法律性質的例子。見 Augustinus 1979: 222：「去除正義，那國家不就是大型的匪幫嗎？匪幫本身不就是個小型的國家

嗎？」

【43】這個命題構成了理性重構賴德布魯赫下面這句略顯模糊的話之起點：「法律是具有促進法價值與法理念之意義的現實」（Radbruch 1973a: 119）。

【44】關於類似的論點可見 MacCormick 1986: 141。

【45】就此而言，這和奧斯丁（J. L. Austin）著名的例子「這隻貓在墊子上，但我不相信牠在墊子上」（The cat is on the mat but I do not believe it is）（J. L. Austin 1962: 48 ff.; J. L. Austin 1970: 63 ff.）有一定的類似性。

【46】諾伊曼（Neumann 1986: 68 f.）有不同的看法。他指出下面的例子：「以人民之名，判處 N 先生十年有期徒刑，雖然並沒有良好的理由作出這個判決。」

【47】見本書頁五六以下。

【48】Hoerster 1987: 187; Hoerster 1990: 27.

【49】見本書頁六六。

【50】Hart 1971: 45 f.; 類似觀點見 Hoerster 1987: 187 f.; Hoerster 1986: 2481 f.

【51】見 Ott 1988: 343.

【52】Ebd. 349 f.

【53】Hart 1971: 44.

【54】Hoerster 1987: 187.

【55】Hart 1971: 46.

【56】Radbruch 1973a: 174 ff.

【57】Radbruch 1973b: 327.

【58】Radbruch 1973c: 347.

【59】見 Hart 1971: 42; Hart 1961: 205.

【60】Hoerster 1987: 185.

【61】Ebd. 186.

【62】Kelsen 1960: 71; Hoerster 1990: 32 也同意之，另參見 H. Dreier 1991: 133.

【63】Kelsen 1960: 71.

【64】Hoerster 1990: 32.

【65】Radbruch 1973c: 345.

【66】BVerfGE 23, 98 (106).

【67】見 Alexy: 1991b.

【68】對此參見 Ott 1991: 519 ff.

【69】見 Ott 1988: 346.

【70】Ebd. 347.

【71】BVerfGE 23, 98 (106).

【72】Radbruch 1973c: 344 f.

【73】關於絕對原則的概念見 Alexy 1985: 94 ff.

【74】Hoerster 1986: 2482.

【75】Radbruch 1973a: 175.

【76】Radbruch 1973b: 328.

【77】對此參見 Alexy 1991a: 53 ff.; Alexy 1991b.

【78】參見如 Maus 1989: 193：「道德論據會被輕易地誤用爲民主的替代品。」

【79】見 Hart 1971: 44.

【80】OLG Bamberg, in: Süddeutsche Juristen-Zeitung 1950, Sp. 207.

【81】Ebd. Sp. 208 f.

【82】有可能特別要去問的是，「這個告發行爲違背了『所有正直之人的公平感與正義感』到了這樣的程度，以至於它是違法的且因此是可罰的」這個命題，是否並不蘊含由告發所作出的死刑判決在內容上是不正義的。如果這個判決沒有任何不正義，這個告發行爲是否還可能違背「所有正直之人的公平感與正義感」，以至於它是違法的，因而是可罰的？如果對這個問題的答案是否定的，那麼關鍵的問題就在於：告發行爲的可罰性是否就預設了這個判決具有某種程度的不正義，或者告發行爲要求判決具有極端、從而是明顯不正義的特性。

【83】Hart 1961: 234 f.

【84】Hart 1971: 44.

【85】Ebd.

【86】Ott 1988: 355 正確地指出這一點。

【87】見本書頁六九－七〇。

【88】Kriele 1979: 117.

【89】Ebd. 125.

【90】Ebd. 125 f.

【91】具有特徵意義的是，聯邦憲法法院在條約案判決（Konkordatsurteil）中並未提及此處所討論的問題，而是自限於相反的問題，即所有立基於一九三三年三月二十四日授權法（Ermächtigungsgesetz）的規範是否必然被視爲有效的法律，聯邦憲法法院的答案是否定的：「承認新的權限秩序並沒有表示在其基礎之上所頒布的制定法與命令是否就可被認爲是有效的法律。這取決於這些制定法與命令的**內容**。如果它們違背法律的本質與可能內容，那就不能被視爲是有效的法律。」（BVerfGE 6, 309 (331 f.)）

【92】相反地，整體體系的特性在另一方面具有重要性，即國際法上對於國家與政權的承認。在此涉及的是實效原則與正當性原則之間的衝突，在承認的理論與實務中占優勢的是前者（參見如 Ipsen 1990: 237）。

【93】Hart 1961: 124.

【94】見 Alexy 1991a: 17 f.

【95】參見如 Kelsen 1960: 350 f.

【96】J. Austin 1885: 664.

【97】在這個意義下亦參見 Bydlinski 1982: 289 ff.，他將其論據稱爲「方法論的論據」；以及德沃金將法律理解爲詮釋性實踐的看法：「法律是一個詮釋性的概念」（Dworkin 1986: 87, 410，對此參見 Bittner 1988: 20 ff.; Strolz 1991: 98 ff.）。

【98】BVerfGE 34, 269 (287).

【99】對此參見 Dworkin 1984: 54 ff.; Alexy 1985: 71 ff.; Sieckmann 1990: 52 ff.

【100】Hoerster 1987: 186; Hoerster 1986: 2481.

【101】Hoerster 1987: 186.

【102】根特（Klaus Günther）認爲規則與原則的區分不應被理解爲兩種規範的區分，而只是兩種適用規範方式的區分（Günther 1988: 272 ff.）。對此要提出的反駁是：一個既在規範的層面也在適用的層面去刻畫這個區分的模式，是更爲豐富的。這個模式可以說明，爲什麼會出現特定的適用方式。除此之外，規則與原則的區分仍不能被放棄，因爲只有藉助這個區分才能夠適當地重構一些概念，例如權利限制的概念（見 Alexy 1985: 249 ff.）。

【103】見本書頁七四－七五。

【104】見 Hart 1961: 199：「每個現代國家的法律在在都顯示了實際接受的社會道德與更廣泛的道德理想之影響。」

【105】R. Dreier 1986: 30 f.

【106】參見如 Stuckart/Globke 1936: 7：「有責任的國家領導人要去檢驗對其託付信賴的人民之種族成分如何組成，並且要去安排措施，至少使得最佳的種族價值不再繼續淪喪並且盡可能地

增強民族核心。」以及 13：「由種族思想必定得出領袖思想。種族國家必然是一個領袖國家。」

【107】見 Alexy 1991a: 233 ff.

【108】Stuckart/Globke 1936: 10.

【109】見 Kant 1781/1787: A 644/B 672：「但與此相反，它們有一種極好的、必要而不可或缺的規制性運用，就是使知性對準某個目標，由於對這目標的展望，一切知性規則的路線都匯集於一點。」（譯按：本段譯文來自鄧曉芒譯，楊祖陶校訂，康德，《純粹理性批判》，聯經出版社，二〇〇四年，頁五九八－五九九。「規制性」（regulativ）一詞原譯爲「調節性」。）

第二章　法律的效力

【1】參見如 Rottleuthner 1981: 91 ff.; Röhl 1987: 243 ff.

【2】見 Rottleuthner 1987: 54 ff.

【3】對此參見本書頁四九－五一。

【4】Kelsen 1960: 219.

【5】Hoerster 1987: 184.

【6】見本書頁五六以下。

【7】見本書頁一〇二以下。

【8】見本書頁四八。

【9】見本書頁一三〇—一三一。

【10】R. Dreier 1981a: 198.

【11】見本書頁一二四—一二五。

【12】Kelsen 1960: 8.

【13】關於個體規範的概念見 Alexy 1985: 73.

【14】此處之命題編號未按順序的原因在以下構築基本規範的三段論時就可清楚看出。

【15】見 Kelsen 1960: 196.

【16】要強調的是，這裡所說的是邏輯的可演繹性。「推導」這個詞經常被用來——雖然是不正確的用法——表述某件事是另一件事的良好理由。經驗命題當然可以是規範命題的良好理由，但這始終要預設某個規範性的前提來使得經驗命題成爲良好理由。

【17】從實然無法導出應然這個命題可以追溯至休謨（Hume），因此也被稱爲「休謨法則」，見 Hume 1888: 469：「我一向注意到，作者在一個時期中是照平常的推理方式進行的，確定了上帝的存在，或是對人事作了一番議論；可是突然之間，我卻大吃一驚地發現，我所遇到的不再是命題中通常的『是』與『不是』等聯系詞，而是沒有一個命題不是由一個『應該』或一個『不應該』聯系起來的。這個變化雖是不知不覺的，卻是有極其重大的關係的。因爲這個『應該』或『不應該』既然表示一種新的關係或肯定，所以就必須加以論述和說明，同時對於這種似乎完全不可思議的事情，即這個新關係如何能由完全不同的另外一些關係推出來的，也應當舉出理由加以說明。」（譯按：本段譯文來自關文遠譯，鄭之驤校：休謨，《人

性論》下冊，一九九四年，北京商務印書館，頁五〇九—五一〇。）闡述由實然——應然問題所產生的邏輯問題見 Stuhlmann-Laeisz 1983.

【18】見 Kelsen 1960: 219。凱爾森的基本規範三段論和這裡所表述的有四點不同，其中三點是不重要的，有一點則是重要的。不重要的是，凱爾森將基本規範表述爲定言形式：「應該遵守事實上被制定且具有社會實效的憲法」。這句話可以改寫爲上述的假言形式（1）——即「如果…那麼…」的語句——而不會改變其內容。另一個不重要之處是，在凱爾森的表述中，結論（3）所指涉的不只是憲法，而是整體法秩序；凱爾森因此就多推進了一步，本文雖然沒推到這一步，但也可以毫無困難地作到這一點。最後一個不重要之處是，凱爾森在（1）和（3）不是使用「要求」（ist geboten），而是使用「應該」（man soll）這個表述。相較之下，重要的一點是，凱爾森只說「應該……」，而本文所說的是：某件事是「**法律**的要求」。接下來還會再談到這一點。

【19】Hart 1961: 246.

【20】Ross 1968: 156.

【21】Hart 1961: 107.

【22】Dworkin 1984: 81 ff., 111 ff.

【23】見本書頁一〇八以下。

【24】對此參見本書頁七六以下。

【25】見 Alexy 1991a: 273 ff.

【26】Ebd. 305.

【27】Kelsen 1960: 204.

【28】Ebd. 201.

【29】見本書頁七六以下。

【30】見 Aarnio/Alexy/Peczenik 1983: 19 ff.; Peczenik 1983: 23.

【31】Kelsen 1960: 219.

【32】Ebd. 203.

【33】Ebd. 197.

【34】Ebd. 201 f.

【35】Ebd. 223 ff.

【36】Kelsen 1964a: 119 f.

【37】Kelsen 1960: 204.

【38】見 Kant 1903: 373：「『先驗的』（transcendental）一詞：並非意謂某個超出一切經驗的東西，而是意謂雖然先於經驗（先天的（a priori））、但卻只是旨在使經驗知識成爲可能的東西。」（譯按：本段譯文來自李明輝譯：康德，《一切能作爲學問而出現的未來形上學之序論》，聯經出版社，二〇〇八年，頁一六三。）

【39】Kelsen 1960: 218, 224, 443.

【40】即使對於法社會學家而言，將法律解釋爲單純事實的體系也不是適當的作法，見 Rottleuthner

1981: 31 ff., 91 ff.

【41】見 R. Dreier 1979: 95.

【42】Kelsen 1960: 224.

【43】見 Paulson 1990: 173 ff.

【44】Kant 1781/1787: A 24/B 38：「空間是一個作爲一切外部直觀之基礎的必然的先天表象」；A 31/B 46：「時間是爲一切直觀奠定基礎的一個必然的表象」。（譯按：本段譯文來自鄧曉芒譯，楊祖陶校訂：康德，《純粹理性批判》，聯經出版社，二〇〇四年，頁三四，四一。）

【45】Kelsen 1960: 206 f.

【46】Ebd. 206.

【47】Kelsen 1964a: 119：「我曾將我整個基本規範的學說呈現爲一條規範，它不是意志行爲的意義，而是在思想中所預設的規範。現在我不得不向閣下們承認，我不再主張這個學說，我必須放棄它。」

【48】Kelsen 1964b: 74.

【49】Ebd. 70.

【50】Kelsen 1979: 207.

【51】Ebd. 206.

【52】語意學的規範概念構成了這個主張的基礎。對此參照 Alexy 1985: 42 ff.

【53】Kelsen 1960: 204.

【54】Ebd. 208.

【55】Ebd. 205.

【56】Kelsen 1964b: 66; Kelsen 1960: 197.

【57】Kelsen 1960: 197.

【58】Ebd. 209.

【59】Kant 1907a: 224.

【60】Ebd.

【61】Ebd. 237.

【62】見 R. Dreier 1981c: 286 ff.

【63】Kant 1907a: 312.

【64】Ebd. 319.

【65】Ebd. 320.

【66】Kant 1907b: 24 f.

【67】見 R. Dreier 1985: 302 ff.以及其他文獻。

【68】Kant 1907a: 229 f.

【69】見 R. Dreier 1986: 10.

【70】Kant 1912: 297, 304.

【71】Kant 1907a: 237.

【72】見本書頁七六以下。

【73】見 R. Dreier 1979: 93.

【74】Hart 1961: 245.

【75】Ebd.

【76】Ebd. 97.

【77】Ebd. 102.

【78】Ebd. 104.

【79】Ebd. 103 f.

【80】Ebd. 245.

【81】Ebd. 107.

【82】Ebd. 105 f.

【83】Ebd. 98.

【84】見 R. Dreier 1981b: 223.

第四章　定義

【1】見本書頁六〇—六一。

【2】見本書頁五八－五九。
【3】見本書頁七一以下。
【4】見本書頁六九－七〇。
【5】見本書頁六一。
【6】見本書頁六一。
【7】見本書頁七一－七二。
【8】見本書頁一二五以下。
【9】見本書頁一二三以下。
【10】見本書頁一二六－一二七。
【11】見本書頁七六以下。
【12】見本書頁一〇二以下。
【13】見本書頁一二九－一三〇。
【14】見本書頁一三〇－一三一。
【15】見本書頁七六以下；頁一三〇－一三一。
【16】見本書頁五九－六〇。
【17】見本書頁一〇八以下。

文獻索引

Aarnio, Aulis, *Alexy*, Robert und *Peczenik*, Aleksander 1983: Grundlagen der juristischen Argumentation, in: Werner Krawietz und Robert Alexy (Hg.): Metatheorie juristischer Argumentation, Berlin, 9-87

Alexy, Robert 1981: Die Idee einer prozeduralen Theorie der juristischen Argumentation, in: Rechtstheorie, Beiheft 2, 177-188

—1985: Theorie der Grundrechte, Baden-Baden (Neudruck: Frankfurt a. M. 1986)

—1990: Zur Kritik des Rechtspositivismus, in: Archiv für Rechts- und Sozialphilosophie, Beiheft 37, 9-26

—1991a: Theorie der juristischen Argumentation (1978), 2. Aufl. Frankfurt a. M.

—1991b: Eine diskurstheoretische Konzeption der praktischen Vernunft, Vortrag auf dem 15. Weltkongreß für Rechts- und Sozialphilosophie, Göttingen 1991 (erscheint in den Akten des Kongresses)

Augustinus, Aurelius 1979: De civitate dei/Der Gottesstaat, hg. und übers. von Carl Johann Perl, 2 Bde., Paderborn, München, Wien und Zürich

Austin, John 1885: Lectures on Jurisprudence or the Philosophy of Positive Law (1861), 2 Bde.,

5. Aufl. London

Austin, John Langshaw 1962: How to Do Things with Words, London, Oxford und New York

—1970: The Meaning of a Word, in: ders.: Philosophical Papers, 2. Aufl. London, Oxford und New York, 55-75

Bierling, Ernst Rudolf 1894: Juristische Prinzipienlehre, Bd. 1, Freiburg i. Br. und Leipzig

Bittner, Claudia 1988: Recht als interpretative Praxis, Berlin

Bydlinski, Franz 1982: Juristische Methodenlehre und Rechtsbegriff, Wien und New York

Dreier, Horst 1991: Die Radbruchsche Formel—Erkenntnis oder Bekenntnis?, in: Festschrift für Robert Walter, hg. von Heinz Mayer u. a., Wien, 117-135

Dreier, Ralf 1979: Bemerkungen zur Rechtserkenntnistheorie, in: Rechtstheorie, Beiheft 2, 89-105

—1981a: Recht und Moral, in: ders.: Recht-Moral-Ideologie, Frankfurt a. M., 180-216

—1981b: Sein und Sollen, in: ders.: Recht-Moral-Ideologie, Frankfurt a. M., 217-240

—1981c: Zur Einheit der praktischen Philosophie Kants, in: ders.: Recht-Moral-Ideologie, Frankfurt a. M., 286-315

—1985: Rechtsgehorsam und Widerstandsrecht, in: Festschrift für Rudolf Wassermann, hg. von Christian Broda u. a., Neuwied und Darmstadt, 299-316

—1986: Rechtsbegriff und Rechtsidee, Frankfurt a. M.

—1987: Neues Naturrecht oder Rechtspositivismus?, in: Rechtstheorie 18, 368-385

—1991: Der Begriff des Rechts, in: ders.: Recht-Staat-Vernunft, Frankfurt a. M., 95-119

Dworkin, Ronald 1984: Bürgerrechte ernstgenommen, Frankfurt a. M.

—1986: Law's Empire, Cambridge, Mass. und London

Fuller, Lon L. 1969: The Morality of Law, rev. ed. New Haven und London

Geiger, Theodor 1987: Vorstudien zu einer Soziologie des Rechts, 4. Aufl. Berlin

Günther, Klaus 1988: Der Sinn für Angemessenheit, Frankfurt a. M.

Hamlyn, D. W. 1967: Analytic and Synthetic Statements, in: The Encyclopedia of Philosophy, hg. von Paul Edwards, Bd. 1, New York und London, 105-109

Hart, H. L. A. 1961: The Concept of Law, Oxford

—1971: Der Positivismus und die Trennung von Recht und Moral, in: ders.: Recht und Moral, Göttingen, 14-57

Hoerster, Norbert 1986: Zur Verteidigung des Rechtspositivismus, in: Neue Juristische Wochenschrift, 2480-2482

—1987: Die rechtsphilosophische Lehre vom Rechtsbegriff, in: Juristische Schulung, 181-188

—1990: Zur Verteidigung der rechtspositivistischen Trennungsthese, in: Archiv für Rechts- und Sozialphilosophie, Beiheft 37, 27-32

Höffe, Otfried 1987: Politische Gerechtigkeit, Frankfurt a. M.

Holmes, Oliver Wendell 1897: The Path of the Law, in: Harvard Law Review 10, 457-478

Hume, David 1888: A Treatise of Human Nature, hg. von L. A. Selby-Bigge, Oxford (Neudruck: Oxford 1951)

Ipsen, Knut 1990: Völkerrecht, München

Kant, Immanuel 1781/1787: Kritik der reinen Vernunft, 1./2. Aufl. Riga (zitiert: A/B)

—1903: Prolegomena, in: Kant's gesammelte Schriften, hg. von der Königlich Preußischen Akademie der Wissenschaften, Bd. IV, Berlin, 253-383

—1907a: Metaphysik der Sitten, in: Kant's gesammelte Schriften, hg. von der Königlich

Preußischen Akademie der Wissenschaften, Bd. VI, 203-494

—1907b: Der Streit der Fakultäten, in: Kant's gesammelte Schriften, hg. von der Königlich Preußischen Akademie der Wissenschaften, Bd. VII, 1-116

—1912: Über den Gemeinspruch: Das mag in der Theorie richtig sein, taugt aber nicht für die Praxis, in: Kant's gesammelte Schriften, hg. von der Königlich Preußischen Akademie der Wissenschaften, Bd. VIII, 273-313

Kantorowicz, Hermann o. J.: Der Begriff des Rechts, Göttingen

Kelsen, Hans 1960: Reine Rechtslehre, 2. Aufl. Wien

—1964a: Diskussionsbeitrag, in: Österreichische Zeitschrift für öffentliches Recht N. F. 13, 119-120

—1964b: Die Funktion der Verfassung, in: Verhandlungen des Zweiten Österreichischen Juristentages Wien 1964, Bd. II, 7. Teil, Wien o. J., 65-76

—1979: Allgemeine Theorie der Normen, Wien

Koch, Hans-Joachim und *Rüßmann*, Helmut 1982: Juristische Begründungslehre, München

Kriele, Martin 1979: Recht und praktische Vernunft, Göttingen

Loos, Fritz 1970: Zur Wert- und Rechtslehre Max Webers, Tübingen

Luhmann, Niklas 1972: Rechtssoziologie, 2 Bde., Reinbek

MacCormick, Neil 1978: Legal Reasoning and Legal Theory, Oxford

—1986: Law, Morality and Positivism, in: Neil MacCormick und Ota Weinberger: An Institutional Theory of Law, Dordrecht, Boston, Lancaster und Tokyo, 127-144

Maus, Ingeborg 1989: Die Trennung von Recht und Moral als Begrenzung des Rechts, in: Rechtstheorie 20, 191-210

Müller, Friedrich 1986: 'Richterrecht', Berlin

Neumann, Ulfrid 1986: Juristische Argumentationslehre, Darmstadt

Ott, Walter 1976: Der Rechtspositivismus, Berlin

—1988: Die Radbruch'sche Formel. Pro und Contra, in: Zeitschrift für Schweizerisches Recht N. F. 107, 335-357

—1991: Der Euthanasie-Befehl Hitlers vom 1. September 1939 im Lichte der rechtspositivistischen Theorien, in: Festschrift für Robert Walter, hg. von Heinz Mayer u. a., Wien, 519-533

Paulson, Stanley L. 1990: Läßt sich die Reine Rechtslehre transzendental begründen?, in: Rechtstheorie 21, 155-179

Peczenik, Aleksander 1983: Grundlagen der juristischen Argumentation, Wien und New York

Radbruch, Gustav 1973a: Rechtsphilosophie, 8. Aufl. Stuttgart

—1973b: Fünf Minuten Rechtsphilosophie (1945), in: ders.: Rechtsphilosophie, 8. Aufl. Stuttgart, 327-329

—1973c: Gesetzliches Unrecht und übergesetzliches Recht (1946), in: ders.: Rechtsphilosophie, 8. Aufl. Stuttgart, 339-350

Röhl, Klaus F. 1987: Rechtssoziologie, Köln, Berlin, Bonn und München

Ross, Alf 1958: On Law and Justice, Berkeley und Los Angeles

—1968: Directives and Norms, London und New York

Rottleuthner, Hubert 1981: Rechtstheorie und Rechtssoziologie, Freiburg/München

—1987: Einführung in die Rechtssoziologie, Darmstadt

Sieckmann, Jan-Reinard 1990: Regelmodelle und Prinzipienmodelle des Rechtssystems, Baden-Baden

Strolz, Marc Maria 1991: Ronald Dworkins These der Rechte im Vergleich zur gesetzgeberischen Methode nach Art. 1 Abs. 2 und 3 ZGB, Zürich

Stuckart, Wilhelm und *Globke*, Hans 1936: Kommentare zur deutschen Rassengesetzgebung, Bd. 1, München und Berlin

Stuhlmann-Laeisz, Rainer 1983: Das Sein-Sollen-Problem, Stuttgart-Bad Cannstatt

Summers, Robert S. 1982: Instrumentalism and American Legal Theory, Ithaca und London

Weber, Max 1976: Wirtschaft und Gesellschaft (1921), 5. Aufl. Tübingen

Xenophon 1917: Memorabilien, übers. von A. Leising, 5. Aufl. Berlin

譯後記

本書譯自 Robert Alexy, Begriff und Geltung des Rechts, Freiburg/Munchen: Verlag Karl Alber, 1992，同時參考了 Bonnie Litschewski Paulson 與 Stanley L. Paulson 的英譯本：The Argument from Injustice: A Reply to Legal Positivism, Oxford: Clarendon Press, 2002。

本書中譯得以完成，首先要感謝阿列西教授多年的包容與信賴，其次則要感謝五南圖書出版公司楊榮川董事長對於學術經典譯注的支持，以及法學主編林振煌先生、劉靜芬女士與責任編輯游雅淳女士、蔡惠芝女士的熱誠協助。此外，江維萱女士協助校對及潤飾譯文初稿，備極辛勞，在此特別致謝。

譯者謹誌於臺北中央研究院，二〇一二年八月

本書中譯修訂新版潤飾了部分譯文並修訂若干錯誤。感謝五南出版公司劉靜芬副總編輯及同仁熱誠協助。謹以《法概念與法效力》中譯新版祝賀阿列西教授七十五歲華誕。

譯者謹誌於臺北，二〇二〇年四月

譯名對照表

書名

《純粹法學》（Reine Rechtslehre）

五劃

公布（promulgation）
司徒嘉（Stuckart）
先驗邏輯預設（transzendental-logische Voraussetzung）

六劃

合乎規定的制定性（ordnungsgemäße Gesetztheit）
合法性（legality）
合法的（quid sit iuris）
色諾芬（Xenophon）
自然法則（natürliches Gesetz）

七劃

伯里克利（Perikles）
狄麥婭（Heinke Dietmair）
貝林（Ernst Rudolf Bierling）
邦堡（Bamberg）

八劃

制定法與法律（Gesetz und Recht）
承認規則（rule of recognition）
拉伯（Marius Raabe）
法律內在道德（the internal morality of law）
法律的一般性（the generality of law）
法律現實主義（legal realism）
制定法實證主義（Gesetzespositivismus）
波洛斯基（Martin Borowski）
阿爾喀比亞德（Alkibiades）
事實問題（a matter of fact）

九劃

哈特（H. L. A. Hart）

柯里勒（Martin Kriele）
牴觸法律的判決（contra-legem Entscheidung）

十劃

韋伯（Max Weber）
韋威爾（Meinolf Wewel）
根特（Klaus Günther）
海德曼（Carsten Heidenmann）
索拉雅（Soraya）

十一劃

基本規範（basic norm）
終極規則（ultimate rule）

十二劃

凱爾森（Hans Kelsen）
富勒（Lon L. Fuller）
惡法（lex corrupta）
無法律即無刑罰（Nulla poena sine lege）
無法律即無罪行（Nullum crimen sine lege）
賀弗（Otfried Höffe）
奧古斯丁（Augustinus）
奧斯丁（John Austin）

十三劃

意欲（desire）
溯及既往的法律（retroactive laws）
葛羅克（Globke）

十四劃

嘉松．瓦德斯（Ernesto Garzón Valdés）
蓋格（Theodor Geiger）

十五劃

德萊爾（Ralf Dreier）
德沃金（Ronald Dworlcin）

十六劃

盧曼（Niklas Luhmann）

諾伊曼（Neumann）

賴德布魯赫（Gustav Radbruch）

霍姆斯（Oliver Wendell Holmes）

霍斯特（Norbert Hoerster）

十九劃

羅斯（Alf Ross）

二十一劃

權威的制定性（autoritative Gesetztheit）

經典名著文庫 119

法概念與法效力

Begriff und Geltung des Rechts

作　　者 —— 羅伯・阿列西（Robert Alexy）
譯　　者 —— 王鵬翔（7.7）
發 行 人 —— 楊榮川
總 經 理 —— 楊士清
總 編 輯 —— 楊秀麗
文庫策劃 —— 楊榮川
副總編輯 —— 劉靜芬
責任編輯 —— 林佳瑩
封面設計 —— 姚孝慈
著者繪像 —— 莊河源
出 版 者 —— **五南圖書出版股份有限公司**
地　　址 —— 臺北市大安區 106 和平東路二段 339 號 4 樓
電　　話 —— 02-27055066（代表號）
傳　　眞 —— 02-27066100
劃撥帳號 —— 01068953
戶　　名 —— 五南圖書出版股份有限公司
網　　址 —— http://www.wunan.com.tw
電子郵件 —— wunan@wunan.com.tw
法律顧問 —— 林勝安律師事務所　林勝安律師
出版日期 —— 2013 年 7 月初版一刷
—— 2014 年 2 月初版二刷
—— 2020 年 6 月二版一刷
定　　價 —— 280 元

國家圖書館出版品預行編目資料

法概念與法效力 / 羅伯．阿列西（Robert Alexy）著；王鵬翔譯．-- 二版．-- 臺北市：五南，2020.06
面；公分．--（經典名著；119）
譯自：Begriff und Geltung des Rechts
ISBN 978-957-763-970-7（平裝）

1. 法學　2. 實證主義

580　　109004061